Sale temps pour les femmes

Du même auteur

Qui à peur du point G ? Le plaisir féminin, une angoisse masculine
avec Pierre Foldès, Jean-Claude Gawsewitch Éditeur, 2011.

Odile Buisson

Sale temps pour les femmes

Jean-Claude Gawsewitch Éditeur

Ouvrage dirigé par Gilles Bouley-Franchitti

130, rue de Rivoli
75001 Paris
www.jcgawsewitch.com
ISBN : 978-2-35013-390-4

INTRODUCTION

Il en va des paniques hormonales comme des fièvres : elles vont et viennent puis finissent par disparaître en laissant un reste de crainte et beaucoup d'évitements. Ainsi, en août 2003, une étude anglaise [1] impute au traitement hormonal de la ménopause un risque majoré de cancer du sein. Immédiatement, les patientes concernées arrêtent leur traitement substitutif. Cette étude est maintenant remise en cause [2] mais le mal est fait pour celles qu'on a affolées dix ans plus tôt.

1. Beral V., « Breast cancer and hormone-replacement therapy in the Million Women Study », *The Lancet*, 9 août 2003 ; 362(9382) : 419-27.

2. « Does hormone replacement therapy cause breast cancer ? An application of causal principles to three studies », *Journal of Family Planning and Reproductive Health Care*, 17 janvier 2012.

En 2013, c'est au tour des pilules contraceptives de 3e (et 4e génération) prescrites depuis 1990 de créer une épouvante même si les 2 millions de Françaises qui les utilisent pour leur bien-être se portent comme un charme. Mais, la plainte d'une jeune femme victime d'un accident vasculaire, imputé à la prise de cette pilule, terrorise les autorités sanitaires qui, déboussolées, sonnent le tocsin et demandent à Bruxelles de restreindre les autorisations de mise sur le marché de ces pilules. Dans un premier temps, l'agence européenne du médicament ne s'en laisse pas compter et ce, malgré les plaintes qui se multiplient en France. Craint-elle une affaire franco-française ? Fin janvier 2013, devant l'insistance politique, le remous médiatique et la contagion de la peur, l'organisme finit par accepter de bien vouloir étudier la question. En clair : « C'est à voir ».

En France, la messe est dite et les alarmes des hautes autorités de la santé sont contagieuses. Résultat : à raison de 4 accidents vasculaires pour 10 000 utilisatrices, de nombreuses femmes craignent le caillot fatal et se demandent s'il ne faut pas arrêter cette dangereuse contraception 3e génération. « C'est scandaleux ! La contraception ne doit pas nuire car elle s'adresse à des femmes bien portantes », entend-on alors un peu partout dans les médias. C'est vrai. Pourtant, la banalisation de la contraception fait parfois oublier qu'une pilule a des contre-indications et indications précises, des effets secondaires et adverses, en clair qu'elle est autrement plus puissante qu'un tube de granulés sucrés. Alors ? Les femmes concernées vont-elles céder à la panique et abandonner leur contraception ? Doit-on s'attendre à un pic d'interruptions volontaires de grossesse tel que ce fut le cas en Angleterre suite à un épisode semblable[3] ? Possible... Une chose est sûre : la précipitation des autorités a réveillé la vieille défiance à l'égard des traitements hormonaux et, dans la foulée, celle à l'égard de la médecine conventionnelle supposément acoquinée aux laboratoires pharmaceutiques. Dans un article du *Monde* en ligne paru le 11 janvier 2013, « Pilule : enquête sur ces médecins liés aux laboratoires », on assiste même à un règlement de compte de professionnels de l'IVG contre certains médecins en vue, décidément bien trop « pro-contraceptifs » ! Notre pays qui pratique le plus d'IVG en Europe a-t-il vraiment besoin de cette contre-publicité ? Et les

3. « Effect of 1995 pill scare on rates of venous thromboembolism among women taking combined oral contraceptives : analysis of General Practice Research Database », *BMJ*, 2000 ; 321 :477

professionnels de l'IVG en France ont-ils vraiment raison d'en vouloir davantage pour conserver leurs emplois ?

Du coup, confirmant sa course aux économies de santé, Big Brother en profite pour dérembourser illico les pilules incriminées mais… ne les retire pas du marché. Les autorités pressent les médecins de prescrire en première intention les anciennes pilules, celles de 2e génération. Il faut dire que si celles-ci sont anciennes, elles n'en sont pas moins performantes, leur risque d'accident vasculaire « n'est que » de 2 pour 10 000 et puis elles sont moins chères… Cependant, comme elles contiennent davantage d'œstrogènes que celles de 3e et 4e génération, qui peut dire si dans dix ans telle étude épidémiologique ou telle plaignante ne lèvera pas un nouveau vent de panique ?

« Affolez-vous ! » est devenu le mantra d'une société qui n'ose plus regarder le risque en face en décidant calmement de vouloir le prendre ou non. L'Agence nationale de sécurité du médicament a comptabilisé sur vingt-sept ans treize décès imputables aux contraceptifs oraux [4]. À titre indicatif,

4. « Pilules de 3e génération : un ministère paniqué appelle à ne pas paniquer, Jean-Yves Nau, slate.fr

une grossesse c'est soixante-dix décès par an [5]. Est-ce à dire qu'il faut éviter de faire des enfants ? Quoi qu'il en soit, 2 millions d'utilisatrices pourront dire bientôt adieu au remboursement de leur contraception. Tout ça pour ça.

Cet épisode rappelle que la médecine moderne n'est pas infaillible, son risque n'est jamais nul en raison des effets adverses. Leur médiatisation croissante en accentue la peur et les grands cabinets d'avocats les guettent comme une aubaine. Un scandale sanitaire et… c'est le jackpot ! L'image de la médecine moderne en sort à chaque fois un peu plus abîmée. D'où le nombre croissant de ses détracteurs… En effet, même si les gains d'espérance de vie sont liés pour 50 % aux progrès scientifiques et thérapeutiques [6], l'indice de satisfaction ne reflète pas l'importance du service rendu. Une des raisons probables à cet étrange contresens est que les médecins s'adressent par trop à la maladie et pas suffisamment au malade. L'injonction de

5. Saucedo M., Deneux Tharaux C., Bouvier Colle M. H., « Épidémiologie des morts maternelles en France 2001-2006 », numéro thématique : La mortalité maternelle en France, Bilan 2001-2006, Institut de veille sanitaire.

6. « La santé des femmes en France », *Communication du conseil économique, social et environnemental*, 2010, n° 16.

performance qui les oblige au résultat les éloigne paradoxalement des patients : la santé est devenue un droit et non plus un service de proximité entre deux humains. Le patient n'y trouve pas son compte car guérir la maladie n'est pas le guérir, lui qui est touché dans le cours de sa vie, dans son histoire et dans sa permanente quête de sens aspire à une approche plus humaine de la santé. En outre, cette médecine puissante coûte très cher aux comptes sociaux, chroniquement déficitaires depuis que le plein-emploi a disparu de notre pays.

C'est dans ce paysage de faillite et de failles qu'ont jailli d'anciens diables et de nouveaux concepts. Ces démons, gourous, coaches et autres thérapeutes « alternatifs » parlent et charment comme les charlatans et les obscurantistes d'autrefois. En vérité, ce sont les mêmes. Et, en dépit des alertes de la Mission interministérielle de vigilance et de lutte contre les dérives sectaires (Miviludes) sur les risques de dérive sectaire dans le domaine de la santé, les tartufes des médecines dites « alternatives », « complémentaires », « douces » ou « naturelles » se multiplient rapidement. La Miviludes a ainsi dénombré pas moins de 400 méthodes mises en œuvre dont de nombreuses pratiques « ancestrales[7] ». Certains de leurs promoteurs auraient déjà mis un pied dans l'Université de médecine[8]. Peu importe ce que ces charlatans disent car, s'adaptant à la pensée de chacun et à la mode de l'instant, ils plaisent énormément. À cet égard, l'OMS signale que 75 % des Français ont eu recours à des médecines alternatives dans le cadre de maladie cancéreuse[9]. Si certaines personnes peuvent probablement guérir de maux ressentis, d'autres, ravis à eux-mêmes, meurent de maux bien réels tel un Steve Jobs, pourtant peu suspect d'idiotie, qui a préféré pour se soigner un naturopathe à un cancérologue.

À l'opposé, les nouveaux concepts qui envahissent la médecine sont eux issus de l'économie avec un objectif affiché de rentabilité du soin. Ses promoteurs et ses laudateurs ont essaimé partout dans les administrations de santé. Les budgets de communication qui vantent l'hôpital-entreprise semblent illimités. Que cette obsession soit servie

7. Mission interministérielle de vigilance et de lutte contre les dérives sectaires, « La dérive sectaire dans le domaine de la santé : l'exemple du cancer », rapport au premier ministre, 2010.

8. Olivier Hertel, « Les sectes entrent à l'Hôpital », *Sciences et Avenir*, novembre 2012.

9. http://who.int/mediacentre/news/releases/release38/fr/

par les administrateurs de santé n'étonne pas outre mesure mais que celle-ci soit encouragée par des membres de l'élite médicale tient du prodige tant elle vient se nicher dans une contre-culture. Qu'est-ce que ces messieurs, souvent professeurs de médecine, viennent faire là ? Revêtir l'habit d'un fringant capitaine d'entreprise par-dessus la blouse blanche ? Sont-ce des admirateurs de la grande distribution, des clones d'Édouard Leclerc s'attaquant au commerce des monts de Vénus, franchissant les cols utérins ou partant à l'assaut des biopsies de prostates pour faire du chiffre ? Quoi qu'il en soit, ces aspirants industriels inspirent les décideurs de la santé et les aident à concevoir une médecine de masse, nettement moins coûteuse. Une médecine évidemment moins performante bien qu'ils jurent du contraire en crachant sur la tête de leurs enfants. Ils ne devraient pas…

Les mêmes nous répètent en boucle que refondre l'organisation de la santé est devenu l'urgence. En 2011, le ministre de la Santé (Xavier Bertrand) missionnait ainsi le député UMP Laurent Hénart, le professeur Yvon Berland et Danielle Cadet, infirmière coordonnatrice des soins de l'Assistance publique de Paris pour un rapport « relatif aux métiers en santé de niveau intermédiaire [10] ». Celui-ci commence comme suit : « Le monde de la santé fait place à des changements majeurs. Après avoir accompagné de façon remarquable au cours des trente dernières années l'amélioration de la santé publique comme les évolutions sociales et économiques de la population, on perçoit que son organisation actuelle pourrait se révéler moins performante face aux défis du futur, qui sont d'un ordre différent. » La phrase est cauteleuse, on y reconnaît les bienfaits de la médecine, mais… « on perçoit » des choses. Un peu comme si on voulait congédier une vieille épouse pour épouser sa jeune maîtresse. Ce « on perçoit » évoque un flou artistique mais on sait que la République française, grande productrice de rapports, aime la glose et demander un rapport indicatif sur une assertion conditionnelle ne la dérange guère. Quant à « l'ordre différent » des défis futurs, il s'agit d'un ordre économique et non plus d'un ordre médical.

Ce rapport sorti de cerveaux on ne peut plus fertiles propose ni plus ni moins en effet de créer de nouveaux métiers de la santé. Leur raison d'être est

10. Laurent Hénart, Yvon Berland, Danielle Cadet, « Professionnels d'aujourd'hui et nouveaux métiers : des pistes pour avancer », rapport « relatif aux métiers en santé de niveau intermédiaire », janvier 2011.

de « réaliser certaines activités de diagnostic, de consultation et de prescription jusqu'alors effectuées par un médecin mais ne nécessitant pas son niveau de formation ». Soit exercer la médecine sans l'avoir apprise tout à fait. Pour organiser rapidement ces nouveaux métiers et pour produire des intervenants de santé peu coûteux, des formations parcellaires sont maintenant validées. Ce rapport présenté comme novateur préconise tout simplement de reformer l'équivalent des officiers de santé du Second Empire qui pratiquaient une médecine restreinte. Rappelons ici que l'officiât de santé a été aboli il y a plus d'un siècle précisément pour… améliorer la santé ! Dans notre version moderne, on les appelle les « métiers en santé de niveau intermédiaire ». L'euphémisme est astucieux car l'intermédiaire entre zéro et la médecine est en langage honnête une « sous-médecine ». Moins accrocheur, évidemment. Cette sous-médecine est aux ordres des grandes administrations de la santé pour appliquer des programmes nationaux sous forme de protocoles établis par des ingénieurs de santé. Quand on connaît la simplicité du mille-feuille administratif français, on peut raisonnablement tabler sur les perspectives d'une belle efficience : parcours de soins complexe, variable et donc aléatoire, multiplication des soignants, empiétement des responsabilités d'un intervenant à l'autre, multiplication des consultations quand celui qui est moins formé ne sait pas faire, avis redondants et contradictoires et parfois consultation médicale finale de patient atteint d'une maladie déjà bien avancée, etc. En théorie, il s'agit d'une complémentarité cordiale et non d'une concurrence malsaine, en pratique, il faut en douter. Car il ne sera pas facile de faire taire un médecin quand en fin de chaîne, on lui permettra de consulter un patient à l'état de santé altéré, faute d'une mauvaise appréciation de diagnostic.

Comment accepter sans broncher la perversion d'un système qui invitera certaines personnes dociles, naïves et désargentées dans un parcours de soin non médical tandis que d'autres plus averties et soucieuses de leur santé pourront payer le prix qu'il faut pour consulter un médecin ? Les priorités concernant ces « nouveaux » métiers sont très larges puisqu'elles englobent à peu près tout : les pathologies du vieillissement, la dépendance, les maladies chroniques, le cancer, la santé mentale, l'imagerie, la chirurgie ou encore… la gynécologie. On peut donc imaginer une multiplication de petits métiers prenant en charge tel ou tel morceau du corps humain et organisés comme une chaîne d'usine. Ceci peut être rentable, à défaut d'être très profitable pour le propriétaire de l'usine de santé : délocalisation, augmentation mécanique des rendements et diminution des coûts de production. Car si on ne peut délocaliser un hôpital ou un cabinet médical on peut toujours délocaliser un savoir. Désormais, ce n'est pas au cabinet du docteur Machin que vous irez voir pour votre surveillance de cancer mais à celui de madame Michu, fraîchement diplômée suite à 80 heures de cours. Le tout sera surveillé d'en haut par un contremaître plus diplômé, lui-même supervisé par un docteur-ingénieur en médecine qui applique à la lettre les consignes de l'administration de santé.

Le capitalisme s'invite dans la santé de l'humain et industrialise la médecine avec des méthodes d'organisation pyramidales. Et ce n'est pas la moindre des bizarreries que de voir des néolibéraux recopier les fondamentaux de l'ancien bloc de l'Est… Médecins, capitalistes, assureurs et tous ceux qui savent sentir dans le vent qui tourne un parfum d'argent envisagent sans doute de se partager le butin. Le corps est un trésor et il est une source inépuisable de richesses si on le pense comme un système de pièces/d'organes que l'on peut réparer indépendamment les un(e)s des autres. Faire de la rentabilité est peut-être possible sur chaque geste pourvu qu'il soit rapide, répétitif et qu'il apporte à chaque fois un petit bénéfice. Les « intermédiaires » de la santé de demain sont appelés à devenir les prolétaires d'hier travaillant sur des chaînes de montage [11]. Les médecins seront, au mieux, les ingénieurs-managers, au pire les contremaîtres de cette nouvelle industrie de la santé. Investisseurs et assureurs surveilleront les bénéfices sous l'œil matois des agences de santé qui pourront retourner faire leurs origamis sur leurs bureaux vitrés. Les petits métiers de la santé pourraient bien avoir un aspect d'inventaire à la Prévert : frotteur de col utérin, inciseur d'hémorroïdes, vaccineur de bébés, poseur de stérilets, toiletteur du troisième âge, peseur de nouveau-nés, etc.

Les grands gagnants ? Ceux qui pensent faire de chaque morceau de corps humain une petite entreprise qui ne connaît pas la crise. Les perdants ? Tous les assurés sociaux contraints de suivre le parcours fléché économique. Avec un gros malus pour les femmes qui de tout temps ont eu des besoins de santé spécifiques à leur physiologie compliquée et qui ont tant lutté pour obtenir des moyens modernes et appropriés venant les combler.

11. Roland Gori, Odile Buisson, « Qui veut prolétariser les métiers de santé ? », *Libération*, 12 avril 2012.

Récemment l'OMS a réaffirmé que « s'occuper de la santé des femmes est une approche nécessaire et utile pour renforcer les systèmes de santé d'une façon générale, dans l'intérêt de tous. L'amélioration de la santé des femmes est importante pour les femmes, pour leur famille, pour leur communauté et pour l'ensemble de la société. » C'était en 2009 [12]. La nouvelle tendance française propose rigoureusement l'inverse. Les avancées médicales vont se trouver entravées et puis ce sera l'inévitable recul, un recul d'ores et déjà sensible. En effet, ce rétropédalage affecte la médecine des femmes, celle des cinquante dernières années dont elles ont tirée tant de bénéfices et de libertés. Car, le constat fait à l'intérieur du sérail est des plus alarmants : remise à l'honneur de l'accouchement avec douleur, campagne culpabilisante pour l'allaitement au sein, sortie précoce de maternité, retour rapide aux tâches domestiques, disparition des gynécologues médicales, des pédiatres, mode écologique de la lessive des couches, record d'IVG chez les très jeunes filles, etc.

Vu de l'extérieur, les femmes n'ont pas encore pris conscience du grand braquage qu'elles viennent

12. « Les femmes et la santé, la réalité d'aujourd'hui, le programme de demain », OMS, novembre 2009.

de subir et ses effets n'ont pas donné leur pleine mesure sur les générations futures de filles et de petites-filles. Les décideurs de la santé mentent comme des arracheurs de dents, et le ministère des Droits de la femme semble regarder ailleurs.

1

L'ÉCHOGRAPHIE DU PETIT

On peut difficilement se lasser de la vision d'un embryon ou d'un fœtus et c'est une forme de privilège que de scruter les commencements d'une vie. Dans la pénombre d'un cabinet d'examen et, pour la première fois, les parents découvrent leur petit avec beaucoup d'émotion et un peu d'anxiété. Ce petit même s'il ne mesure que quelques millimètres concentre sur lui les espoirs et les rêves de toute une famille. Il est fréquent que les téléphones portables sonnent durant la consultation. Ce sont des pères qui n'ont pu venir qui appellent ou bien des grands-parents, des tantes, des amies qui viennent aux nouvelles. Tout échographiste connaît un nombre incalculable de sonneries téléphoniques, elles sont autant de parentés fébriles qui attendent avec impatience les résultats de l'examen : Est-ce que tout va bien ? Est-ce qu'il n'y en aurait pas deux ? Est-ce une fille ou un garçon ? Est-ce qu'il est bien placé ? Est-ce qu'il ne sera pas trop gros pour l'accouchement ?, etc.

Au premier trimestre de la grossesse, l'angoisse et l'excitation des parents sont souvent contagieuses, aussi faut-il apaiser la consultation. Le papa est tendu, il joue avec ses clés de voiture ou se gratte la gorge. La maman s'allonge sur la table, pressée de voir l'enfant et stressée comme pour l'oral d'un examen. Parfois, le couple se donne du courage et, pour faire face à deux, se donne la main comme de jeunes mariés. Ils veulent découvrir ensemble le bébé qu'ils ont déjà imaginé de multiples fois dans d'intenses rêveries. Ceux, déjà parents, sont parfois moins émotifs et s'en étonnent avec une pointe de déception coupable : « Ce n'est pas comme pour le premier... » ou, à l'inverse, « C'est toujours aussi émouvant... ». Ceci vaut quand tout va bien car lorsqu'un souci se profile, l'obscurité de la salle d'examen prend une tournure dramatique qu'il faut alors gérer au mieux. Pas simple... Mais la nature est ainsi faite que la génération suivante est toujours assurée.

La médecine doit aussi tenir compte de l'état physique et psychique de la maman, du couple et parfois de la famille. Soit autant de cercles concentriques autour de l'événement central : l'enfant à naître. S'il va mal, tout le monde est atteint par l'onde de choc. La grande nouveauté de la fin du siècle dernier a été cet accès à la vie intra-utérine, si bien que d'une certaine façon l'enfant advient dès que ses parents, et particulièrement le père, le découvrent. C'est dire la grande charge émotionnelle de certaines consultations, c'est dire aussi la position délicate du médecin qui doit regarder, observer et expliquer sans jamais déranger l'équilibre harmonieux mais précaire de ce moment particulier.

L'embryon de la fin du premier trimestre a déjà un profil avec un front énorme, un petit nez et une toute petite bouche. Les os du crâne, largement séparés, font souvent l'objet de commentaires joyeux : « C'est Alien ! », « C'est Roswell ! ». Les époux se taquinent : « Il te ressemble non ? », les rires fusent et le ventre de la maman secoué de vagues d'allégresse met en vrac le faisceau d'ultrasons, l'image se brouille. La vision des deux orbites attire des commentaires : « Mais, c'est quoi ça ? Des yeux ? Dites, c'est normal ? Il fait peur à voir ! » « Vous pouvez nous faire entendre les bruits du cœur ? » est une demande quasi systématique. Le battement rapide et sonore retentit dans la pièce un court instant pour ne pas concentrer les ultrasons sur ce cœur minuscule. Il vient dire aux parents : « Voyez ! C'est moi, je suis bien là ! » Dans son émoi, la maman retient ses larmes ou est prise d'un fou rire joyeux et nerveux. Ce battement si reconnaissable fait souvent prendre conscience au mari que, oui vraiment, il est père. Car les symptômes plus ou moins présents des débuts de grossesse ne l'en persuadent pas autant que la mère, malmenée par la fatigue et les nausées. C'est sans doute pourquoi, au fil des années, les maris ont progressivement investi les cabinets d'échographie. La plupart du temps, ils viennent avec enthousiasme mais parfois on perçoit qu'ils y sont obligés : durant l'examen, ils pianotent nerveusement sur l'écran de leur téléphone portable, lisent le journal ou, simplement, font la tête avec plus ou moins d'ostentation. Ces derniers assurent avec pragmatisme le minimum syndical pour que la paix règne dans la maison. Le plus souvent, le père est ravi d'être là. Il prend même sa journée pour assister à la première échographie de grossesse. Quand il en est empêché, il vient en coup de vent sur son temps de travail, arrive en trombe au beau milieu de l'examen, salue rapidement, claque une bise sur la bouche de sa femme et s'assied en général juste devant l'écran. L'épouse proteste plaintivement : « Chéri, pousse-toi un peu ! » Immanquablement le portable sonne et on entend dans un souffle : « Je vous rappelle car je suis en rendez-vous… ». Le portable et le demi-mensonge sont alors promptement enfournés dans la poche du manteau… Un ange passe et l'embryon fait sa galipette, lui qui ne connaît pas encore les vicissitudes de la vie à l'air libre, pas si libre que ça. Il faut alors redonner les explications au mari car il est important de ne pas frustrer ses découvertes de père.

L'anxiété peut les rendre insistants. Cela donne un dialogue répétitif du genre :

« Alors Docteur, tout va bien ?

– Oui tout va bien.

– Donc vous nous dites que tout va bien ?

– Oui tout va bien.

– Bon alors si tout va bien…

– Oui tout va bien…

On peut l'annoncer à la famille, il n'y a pas de problème ?

– Non tout va bien.

– C'est parfait si tout va bien…

– Oui, c'est bien. », etc.

Mais, il est vrai que seuls les médecins légistes connaissent une tranquillité absolue pendant qu'ils exercent leur métier, à l'autre extrémité de la vie…

Les débuts sont au contraire plutôt bruyants, excitants, passionnants, angoissants aussi. Ils se déversent en concentré d'émotions et de sentiments parfois contradictoires dans le réceptacle qu'est la salle d'examen. L'échographiste, bousculé par ces tornades psychiques, doit rester serein, gérer la technique médicale, l'obtention d'une imagerie référencée, s'entendre avec le fœtus pour qu'il se laisse examiner complètement, dépister, diagnostiquer, assurer le devoir d'information, faire un compte rendu écrit, expliquer le consentement éclairé, dialoguer avec la mère, avec le père et parfois les deux en même temps, répondre aux questions diverses, donner quelques conseils et… rassurer tout le monde en même temps.

Il y a quelques années la présence de jeunes enfants, forcément bruyants comme le sont normalement les tout-petits, compliquait considérablement le travail mais depuis qu'il a été prouvé qu'elle n'était pas souhaitable aussi bien pour eux que pour le bon déroulement de l'examen, l'ambiance est un peu plus propice à la concentration.

Lorsque le mari ne peut venir, c'est la maman ou la belle-maman qui accompagne, parfois la future marraine, quelquefois l'amie intime. Là encore pas question de refuser la présence rassurante d'une personne qui assiste la maman dans la découverte de son petit. Il faut cependant croiser les doigts pour que la personne en question soit discrète et n'interfère pas avec l'examen : « Vous voyez quoi là ?... en haut à gauche ? », « Qu'est-ce que vous cherchez ? », « Vous pouvez nous montrer ? », « J'ai une voisine qui a accouché d'un enfant à qui il manque une main, comment ça se fait qu'ils n'ont rien vu ? », « Je sais pas comment vous arrivez à voir, moi je ne vois rien du tout », etc. Il n'est pas toujours facile de faire comprendre que les images d'échographie ne sont pas des photos, car les personnes présentes ont souvent l'impression que la sonde d'échographie fonctionne comme une caméra qui tourne toute seule et qu'il faut juste tenir. C'est pourquoi cet examen est parfois vécue comme un spectacle et l'échographiste comme un projectionniste : « Vous me dites qu'il a des orteils mais moi, je ne les ai pas vus... », « Vous pouvez nous faire une photo avec son pouce dans la bouche ? », « Vous nous ferez une photo en 3D ? », etc.

La question à laquelle on échappe rarement est la détermination du sexe. Celle-ci donne régulièrement lieu à de longues conjectures et digressions. « Dans la famille, on ne sait faire que des filles » ou bien « Ma belle-sœur, au premier trimestre, on lui a dit qu'elle attendait une fille et au deuxième trimestre on lui a dit que c'était un garçon. » La question n'est pas essentielle mais tout revêt une grande importance lors d'une échographie. On aurait bien tort de penser qu'une recherche d'absence d'anomalie sur une petite dizaine de coupes systématiques est suffisante pour faire de la bonne médecine car en examinant un embryon, on examine aussi le bébé, le petit de ses parents, la descendance de la famille.

C'est la vie même que l'échographiste apprécie dans une vue d'ensemble. Des bribes de romans et de drames familiaux lui sont souvent dévoilées, parfois il les devine. Défaire patiemment les angoisses, les peurs irrationnelles, naviguer délicatement dans l'hérédité des ascendants pour rechercher une pathologie encore tapie dans l'ombre mais menaçante pour l'enfant et sa famille, poser des questions nécessairement intrusives, effleurer les secrets et les non-dits pour n'en tirer que le renseignement utile à l'exercice médical n'est pas de tout repos. Le faire sans susciter de peur est la partie la plus délicate car tout début de crainte est amplifié par l'état de grossesse. Et les conséquences peuvent s'avérer extrêmement délétères sur le long terme. L'échographie obstétricale n'est pas une médecine d'organe mais bien une médecine de vie.

Un mot mal choisi ou mal interprété laissera une trace indélébile.

Fréquemment, les parents ont consulté Internet et même si beaucoup savent que les propos et témoignages rapportés sont souvent déformés voire erronés, la tentation est trop grande. De ce fait, ils savent qu'au moment de la première échographie on peut prédire le sexe. L'embryon possède un tubercule génital de forme identique chez la fille et le garçon. Seule l'orientation de ce tubercule peut pronostiquer le sexe : l'orientation vers le bas de l'embryon c'est tendance fille, vers le haut c'est tendance garçon, entre les deux on ne peut pas se prononcer et il faut attendre trois semaines pour que les organes génitaux externes soient différenciés. Cela n'empêche pas d'entendre souvent : « Si vous faisiez un 3D on pourrait peut-être être certain ? » Un peu comme si l'imagerie volumique pouvait accélérer la formation de l'embryon. Pensée magique de la puissance des machines. C'est dire si la consultation échographique du premier trimestre est riche en interrogations médicales ou non médicales, rationnelles ou non. Dans les faits, rien n'est futile car le bébé appartient déjà à son histoire.

L'échographie du deuxième trimestre est plus longue et compliquée car il faut vérifier le fœtus organe par organe, surveiller ses mesures et son poids, scruter la quantité de liquide amniotique, le cordon, localiser le placenta et vérifier les bons échanges entre la mère et son enfant par des mesures Doppler. Les parents sont toujours un peu inquiets et très attentifs. Ils scrutent l'écran, veulent tout voir et tout savoir de leur enfant. Ils insistent souvent pour savoir la position du petit fœtus qui à vrai dire n'a aucune importance à ce terme. Si la tête fœtale est en bas, l'inquiétude est immédiate : « Mais n'est-ce pas trop tôt ? Est-ce que cela veut dire qu'il va sortir plus tôt ? », Si la tête fœtale est en haut, ils s'inquiètent aussi « Aaah c'est un siège ! » « Il va rester comme cela ? ». Même si à cet âge (22 semaines d'aménorrhée) et à ce poids (autour de 500 grammes) le fœtus se déplace comme il le veut dans l'utérus et que cela ne présage en rien de la présentation d'accouchement, la mère s'inquiète : « Pourvu qu'il tourne ! » Une source fréquente de malentendu est l'évaluation du poids : « Vous me dites qu'il fait 518 grammes, or il y a deux jours mon gynéco l'a mesuré rapidement et il faisait 419 grammes, il a pris 100 grammes en deux jours ? » Il faut donc expliquer qu'on ne « pèse » pas l'enfant mais qu'on évalue son poids selon une formule mathématique à partir de plusieurs mesures fœtales. Et il faut encore préciser que les mesures ne sont pas vraiment des mesures mais plutôt des temps d'aller-retour des ultrasons dépendant d'une vitesse de propagation moyenne des ultrasons dans le corps. En résumé, il faut dire que le but de l'échographie n'est pas de décrire l'enfant à naître au gramme près, car ceci est impossible, mais plutôt de vérifier que son poids est globalement correct pour le terme. Une autre réflexion est habituelle : « Vous m'avez dit que la tête est en bas mais je vois sa tête quand vous mettez la sonde sur mon côté gauche, il a changé de position ? » Il faut alors redire que la sonde d'échographie n'est pas une caméra mais que c'est l'échographiste qui fait des images en mobilisant la sonde de telle ou telle manière pour obtenir la coupe indispensable. En clair : la tête est bien en bas mais la sonde doit être placée ici ou là sur le ventre en fonction des coupes désirées.

Les demandes d'explication sont tellement nombreuses que les questions tombent avec régularité, l'une en entraînant une autre. La reconstitution du visage en volume étonne souvent par son réalisme et il y a toujours une seconde de sidération, le temps de digérer l'image et de se l'approprier : « Est-ce qu'ils se ressemblent tous ? », « Il a un gros nez », « La lèvre supérieure est très avancée, vous êtes certaine que ce n'est pas un bec-de-lièvre ? » (La « fente labiale » est la terminologie exacte mais elle n'est pas très répandue). Puis encore et toujours : « Vous êtes bien sûre que c'est un garçon ? Vous pouvez nous remontrer ? », « Vous pouvez faire une photo du sexe ? C'est pour le papy, il veut un petit-fils… » La famille est toujours d'une absence très présente durant l'examen du deuxième trimestre. À la question du poids, on rajoute celle de la taille, impossible à mesurer à ce terme car le fœtus est devenu trop grand pour évaluer sa longueur de la tête aux fesses. Il faut alors indiquer que c'est la croissance osseuse qui nous intéresse et qu'ils découvriront sa taille… quand il sera né ! Parfois durant l'examen des questions plus prosaïques surgissent : « Est-ce qu'il a des cheveux ? », « Est-ce qu'il peut entendre ? », « Est-ce qu'il suce son pouce ? » Eh oui, aujourd'hui, tous les parents ou presque s'attendent à voir le fœtus sucer son pouce comme dans les superbes films d'animation. En fait, ceci n'arrive quasiment jamais. En revanche, les bâillements fréquents du fœtus déclenchent invariablement étonnements et plaisanteries : « C'est bien l'enfant de son père ! »

Le troisième trimestre de la grossesse fait sentir sa fatigue. Les mamans se meuvent plus difficilement, elles ont parfois les traits tirés et se plaignent davantage : mauvais sommeil, essoufflement, impression d'avoir toujours envie d'uriner, brûlures d'estomac, etc. C'est avec difficulté qu'elles s'installent sur la table d'examen. L'inquiétude porte alors sur le ressenti des désagréments : « Ça me tire là », « La douleur me remonte jusqu'ici », « Je sens des brûlures autour du nombril », « C'est comme un coup de couteau », « J'ai un point toujours du même côté », « Il bloque ma respiration », « Vous pouvez me dire avec votre sonde ce qui est là ? C'est son pied ? Mon mari pense que c'est la tête mais moi je crois bien que c'est le pied... », « Vous pouvez voir si un ligament est déchiré ? », etc. La liste des malaises et des soupirs est longue comme le jour car les futures mères s'inquiètent beaucoup de ces sensations bizarres. Elles sont pressées de voir si le bébé va bien et veulent être rassurées sur les douleurs qu'elles éprouvent : « Est-ce bien normal d'avoir mal ? » Une croyance extrêmement répandue impute les brûlures gastriques aux cheveux de l'enfant, rigolo mais faux.

Dès que les images échographiques défilent, les mamans oublient leur malaise pour se plonger dans l'observation du petit. « On attendait cette écho depuis longtemps, on était inquiet. » L'angoisse toujours. Maintenant, elle porte aussi sur le déroulement de l'accouchement. Certaines redoutent le gros bébé « qu'il va falloir sortir », d'autres ont peur des petits poids de naissance et sont très déçues quand on leur prédit un bébé d'un peu moins de 3 000 grammes : « N'est-ce pas trop petit ? » Certaines mamans demandent si elles doivent acheter du « naissance » ou du « 3 mois », souvent le fœtus a déjà un début de garde-robe sauf les bébés des mamans superstitieuses qui « achètent au dernier moment ». Les mères s'interrogent sur des sortes de battements répétitifs. « Est-ce un hoquet ? » Car le hoquet est relativement fréquent à ce terme et on visualise bien les contractions répétées du diaphragme du fœtus. Ce qui amuse souvent les mamans c'est de ressentir ce hoquet en même temps que de pouvoir le voir à l'écran. On demande aussi : « Qu'est-ce que c'est cette chose ronde ? De l'air ? Il fait des bulles ? » Non, il n'y a pas d'air dans le liquide amniotique qui n'est pas spécialement pétillant, c'est « seulement » la coupe du cordon ombilical. En général, une question fuse tout de suite après : « Mais ne va-t-il pas s'étrangler avec son cordon ? J'ai une amie de ma mère qui… »

De même, quand le fœtus est tête en bas, elles interrogent : « Va-t-il rester comme cela ? ». Et quand le fœtus est tête en haut : « Vous croyez qu'il va trouver sa position ? Sinon je risque une césarienne… ? » Chez les mamans, le siège est souvent une grande source de contrariété et quand le fœtus, dès 7 mois, n'a pas encore mis sa tête en bas, les mamans courent chez l'ostéopathe ou l'acupuncteur pour faire « tourner le bébé » ! Et comme dans le mois qui suit, le bébé fait sa version tout seul comme un grand, l'ostéopathe et la sage-femme acupunctrice ont un succès relativement assuré. La maman affirme que les aiguilles ou les manipulations lui ont fait du bien et tout le monde est content. La survenue de contractions inquiète et la surveillance échographique du col rassure.

Et puis, parfois arrive l'ultime question, posée en fin de consultation, par des maris, plus ou mois gênés mais… qui n'en peuvent plus : « Et pour les rapports Docteur… ? », « Le col est long et bien fermé, le placenta est normalement inséré, donc pas de problème », « Alors, tu VOIS ! », lance le monsieur à sa femme qui ne répond rien. Quelquefois, ce sont pourtant les pères qui montrent une certaine réticence : ils ont peur de « faire du mal au bébé ». Alors, c'est au tour de la maman de demander : « Et pour les câlins ? » Je préviens tout de même que le sperme contient des prostaglandines qui feront sans doute contracter l'utérus après le rapport mais que ce n'est pas grave.

On le voit, lors d'une échographie normale, tous les aspects de la vie sont passés en revue et ceux-ci dépassent très largement le cadre des considérations techniques ou anatomiques et débordent le plus souvent sur d'autres spécialités de la médecine. Pourtant, aujourd'hui, la pratique de l'échographie obstétricale est remise en question : tout cet argent dépensé pour 3 % de malformations et 20 à 30 % de pathologies obstétricales ? Sur l'échelle de la santé publique, l'œil de l'aigle décideur a repéré sa proie. Il n'a pas perdu de temps pour évaluer que la bestiole enceinte pourrait coûter moins cher et même pourquoi pas rapporter ? Ainsi en 2003, le professeur Yvon Berland écrivait [1] : « Dans un cadre réglementaire, les manipulateurs en électroradiologie médicale pourraient appliquer certains protocoles du signal de l'image en échographie leur conférant le titre d'échographiste. » Sous-traitance de l'acte médical donc. Mais si faire sous-traiter par une personne qui n'a pas appris la médecine l'acquisition de quelques images codifiées pour un organe tel qu'un foie ou un rein est tout à fait envisageable, pour un être vivant dans l'utérus d'un être vivant,

1. Rapport coopération des professions de santé : « Le transfert de tâches et de compétences », Yvon Berland, octobre 2003.

cela semble assez téméraire. C'est ce que ne manque jamais de rappeler le docteur Roger Bessis qui, dès 1971 [2], a contribué avec des universitaires de renom à développer l'échographie obstétricale en France, quand il persiste à réclamer une « démarche qualité ».

Sera-t-il possible de conserver, contre vents et marées, l'excellence française en matière d'échographies obstétricales ? Pour le moment, cette « démarche qualité » n'a tout simplement pas été prévue par la loi qui porte sur le transfert de compétence ou la délégation de tâche…

2. Roger Bessis, *Qui sommes-nous avant de naître ?*, Calmann-Levy, 2007.

2

LE CLIENT

C'est un mari portant beau qui accompagne sa femme enceinte pour son échographie de grossesse. L'homme est impressionnant par sa stature et son maintien, « Full of himself » dirait un Anglais. Je note qu'il jette un coup d'œil lent et circulaire comme pour s'approprier davantage un espace qu'il semble vouloir remplir à lui tout seul. On perçoit d'emblée le genre possessif d'un possédant. Il a pris sa journée de grand cadre commercial pour venir voir l'échographie de son petit chef-d'œuvre. Il semble frétiller sur place comme lorsqu'on va au spectacle un soir de réveillon. La maman, très fatiguée par sa grossesse, est pâlotte, un peu essoufflée.

Après les salutations d'usage, on aborde les questions médicales auxquelles le mari répond avant son épouse, la coiffant au poteau comme à un jeu de quizz. Il est le protagoniste de la consultation, le « client » c'est lui, et il le fait savoir. C'est ainsi qu'il connaît exactement le premier jour de la date des dernières règles de sa femme et sait le moment précis où il a fait cet enfant : « C'était la troisième nuit de nos vacances aux Seychelles, n'est-ce pas chérie ? » L'épouse acquiesce à peine : ou bien la possession n'a guère l'habitude de s'exprimer ou bien elle ne garde pas de la nuit du troisième jour un souvenir particulièrement saillant. Quand je m'assieds pour débuter l'examen, le père se penche vers moi comme pour me passer commande : « Dites-moi exactement comment l'enfant est placé. » Je réponds qu'à ce terme la position a peu d'importance car le bébé est libre de bouger dans tous les sens. Mais l'homme insiste, il veut le détail de son menu : « Oui mais je veux savoir… Par exemple, où sont les pieds ? ». Comme j'aimerais pouvoir commencer sérieusement mon examen, je lui explique rapidement que le bébé a mis sa tête en haut de l'utérus, son dos à gauche et qu'il a relevé les pieds au-dessus de sa tête. Mais le client exige que le maître d'hôtel soit moins sommaire dans la description du plat du jour : « Montrez-moi cela exactement mais sur le ventre de ma femme ! » Ce « Montrez-moi cela exactement » est dit sur le ton d'un commandement. Je préfère éviter que le père dirige un examen dont j'ai seule la responsabilité. Je réponds donc assez fermement qu'il y a sans doute des choses plus pertinentes à faire car mon travail consiste davantage à examiner médicalement et soigneusement le petit... Le père se courbe alors davantage sur moi et, tel un videur de boîte de nuit, il articule un cinglant : « Vous êtes pressée... ? ».

Il darde sur moi un regard qui vient dire tout le mépris du possédant envers la domesticité médicale et féminine que je représente. Il a vraisemblablement l'habitude d'intimider, genre « Poulette, tu n'as pas bien compris ce que je représente de considérable. » Pourtant si. J'ai bien compris ce en quoi il est considérable... Mais je sais aussi que je vais être à la peine si je ne mets pas les choses au point. Je concède : « Oui, je suis pressée de travailler car comme je vous le disais si la position fœtale n'a aucune importance à cette période de la grossesse, l'étude des organes nécessite elle une attention toute particulière, ce qui réclame du temps et... de la sérénité ! » Traduction off : « Vous allez me laisser bosser oui ? » Mais voilà que mon « client » se vexe et siffle méchamment un « Vous êtes une bizarre vous ! » Attaque personnelle que je choisis de balayer : « Vous savez, nous avons tous nos bizarreries, mais si vous permettez, je vais commencer mon examen. » En effet, je n'ai toujours pas pu examiner mon bébé patient. Piqué de voir que sa belle ascendance pèse moins que d'habitude, il se lâche : « Mais Madame, JE PAYE MOI ! Aussi il me semble que vous devriez faire preuve d'amabilité en faisant ce qu'on vous demande. »

Légère impression de se faire engueuler par le contremaître. Mais certitude aussi que ce dominant, qui sur l'arbre de l'évolution a dû rater de justesse la branche des grands gorilles, rage de voir une femme examiner sa descendance dans un registre qu'il ne peut pas contrôler.

La maman demeurée muette pendant cet échange tonique est un peu désemparée. Ses yeux brillent davantage, est-elle sur le point de pleurer ? Je dois la ménager. Aussi, je m'adapte à l'égotisme du papa en faisant profil bas. Son attitude de client mécontent gêne mon travail car si je suis rivée à l'examen du fœtus, je fais en sorte d'accéder aux exigences du père qui interfère et parasite la consultation. Double tâche dont je me passerais bien. Le père me voit comme une photographe « payée » pour shooter le happening d'un événement privé. L'acte médical et sa difficulté lui échappent complètement. Il a « payé » pour voir et désire être pleinement satisfait de l'acte pour lequel il va tendre sa carte Vitale. Mais hélas ce qu'il désire regarder pour sa satisfaction personnelle n'est pas du tout contributif pour la surveillance de son enfant. Le client en veut pour son argent car c'est un « usager de la santé » ou encore un consommateur qui achète une prestation de service échographique. Ce couple est reparti davantage satisfait du « moment spécial » que représente la consultation échographique que de l'examen *échographiquement* normal de leur enfant ! Le poids des photos…

La consultation médicale, qui est un entretien particulier dont le contenu est secret, liant un médecin à son patient dans une relation thérapeutique, est peu à peu devenue une « offre de soin » disant ainsi toute la banalité d'un produit semblable à un autre, voire interchangeable. Le médecin devient un « marchand de soin », et donc un commerçant qui fait un profit en vendant un produit. Ces deux mots agissent comme deux toxiques qui diffusent deux idées : la première est que le bénéficiaire du soin n'est pas le patient mais le médecin, la deuxième est qu'obtenir un bénéfice sur la santé d'un autre n'est pas spécialement éthique. La symbolique des mots atteint ici le cœur du métier en faisant entendre que le médecin est un profiteur antipathique et que sa dupe usagère est le malade. Car les patients sont souvent qualifiés d' « usagers » ou de « consommateurs » et sont incités à se considérer comme « clients ».

C'est une perversion du sens car quand « je consomme » ou « je fais usage » ou « je décide d'être client », ma pleine volonté est à l'œuvre parce que j'ai aussi le libre choix de ne pas consommer, de ne pas faire usage ou de ne pas devenir client. En revanche, quand je tombe malade ou quand je dois subir un examen de santé, ai-je réellement le choix de ne pas « consommer » ou de ne pas « faire usage » ? Pas vraiment conseillé... De la même façon, on nomme les médecins : « professionnels de la santé » comme il existe des professionnels de l'automobile ou de la boulange.

Pour faire admettre cette marchandisation du soin médical et l'incruster dans nos opaques cerveaux gaulois, il faut un minimum de propagande. C'est ainsi que le ministère de la Santé et, dans une moindre mesure, la Caisse nationale d'assurance maladie financent depuis 1996 une officine chargée de répandre les nouvelles idées : le Collectif interassociatif sur la santé (CISS) [1]. Cet organisme est entretenu à 99 % par l'argent du contribuable, c'est dire le caractère purement artificiel de cette représentation autoproclamée

1. www.leciss.org.

« d'usagers de la santé ». Le payeur étant généralement le donneur d'ordre, on sait d'avance que ce genre de comité propage les thèmes de prédilection gouvernementaux.

Ces mercenaires n'hésitent donc pas à traiter les médecins de « profiteurs de l'assurance sociale » et leur expliquent à l'occasion comment ils doivent travailler. Au passage, on peut admirer l'immense culot de ce collectif qui pour l'année 2011 a reçu la bagatelle de 2 390 000 euros de subventions publiques. Pourquoi tout cet argent ? Site Internet, insultes, propagande antimédecins [2], esbroufe médiatique et coquets salaires versés aux « représentants [3] ». Pendant ce temps l'Assistance publique de Paris manque de draps et de couvertures... Combien de draps ou de couvertures peut-on avoir avec 2 390 000 euros ? Toujours est-il que ce matraquage fait croire à la population que les médecins vivent, non de leur travail, mais de l'assurance sociale de leur patient. Et comme celle ci ne rembourse plus grand-chose : on s'agace de devoir encore payer ces « nantis », ces « profiteurs ».

2. http://blog-snjmg.over-blog.com/article-christian-saout-le-mauvais-genie-des-pouvoirs-publics-dans-la-stigmatisation-des-medecins-44731809.html

3. http://www.leparisien.fr/une/l-ex-president-d-aides-nous-repond-25-01-2011-1241800.php

Notons aussi que ce ramdam est parfois encouragé par les mutuelles dont certaines, opaques et fantaisistes dans la gestion, ont pris goût au profit et ne redistribuent plus guère l'argent prélevé sur leurs ouailles. Sacré clergé qui déleste un peu plus des clients trop patients.

Politiciens et administrateurs de l'assurance santé, mutualistes ou non sont ainsi tombés d'accord pour orienter le mécontentement populaire grandissant vers les médecins et développer plus à leur aise les « nouveaux enjeux de santé ». Travail d'orfèvre. Car la généralisation du néolibéralisme qui semble légitimer la marchandisation de toutes les activités humaines vient comme justifier un devoir de rentabilité. Et chemin faisant, on continue de laisser la loi « Hôpital Patient Santé Territoire » (HPST) ravager l'hôpital, « une entreprise comme une autre », une entreprise rentable qui chasse de l'hôpital le malade pauvre ou indigent. La stigmatisation des médecins est pratique pour faire gober la potion de la diète et de la dégringolade des hôpitaux. C'est vendeur et les journaux en raffolent ! Le dénigrement de la médecine et davantage encore des médecins fait un tabac. Pourquoi devrait-on s'en priver ?

3

LA FOLIE TRISOMIE

La maman, accompagnée de son mari, vient consulter pour une échographie du deuxième trimestre de la grossesse. Le couple sait que leur enfant est malheureusement porteur d'une trisomie 21 diagnostiquée dès les premiers mois de la grossesse. Contrairement à la grande majorité des couples confrontés à ce drame, les parents ont décidé d'accueillir l'enfant. Bien que le couple soit catholique pratiquant, la décision n'a pas été facile à prendre. Ils ont hésité en raison des autres frères et sœurs, encore en bas âge, huit enfants dont la maman s'occupe presque seule car son époux, militaire, est souvent absent de la maison. La solde d'un militaire n'étant pas extensible, elle m'explique qu'elle est très regardante sur son budget. Elle fabrique elle-même son pain, ne va jamais à la boulangerie acheter des gâteaux pour le goûter, les enfants plus jeunes héritent des vêtements des plus âgés. Ce n'est pas les difficultés éducatives d'un enfant trisomique que le couple redoute mais plutôt les difficultés financières auxquelles la famille va être immanquablement confrontée. Les deux parents ont beaucoup réfléchi. Ils ont échangé avec la famille au complet : les grands-parents, les oncles, les tantes et les cousins. Ceux-ci ont tout de suite proposé leur aide. Rassuré sur le fait que leur petite-fille trisomique serait protégée par l'ensemble d'une famille, le couple a décidé d'accueillir ce neuvième et, probablement, dernier enfant. Les parents ont expliqué à toute la fratrie que « le bébé serait un peu différent des autres mais pas tellement ». Depuis, les plus jeunes s'interrogent « pourquoi il ne sera pas pareil que nous ? ». La maman leur a répondu qu'il ne pourrait sans doute pas se débrouiller aussi bien qu'eux, faire de la musique, lire ou écrire mais qu'on ne pouvait pas vraiment le savoir à l'avance. Cette explication a dû suffire car les enfants ne posent plus de questions et sont assez impatients de voir le bébé, chacun le voulant dans sa chambre.

C'est après ce long préambule et dans un contexte peu habituel que l'échographie du fœtus est pratiquée. Il est en effet important de vérifier l'absence d'anomalies associées à la trisomie car celles-ci viendraient compliquer la prise en charge médicale du nouveau-né. Mais, mis à part le profil échographique évocateur de la trisomie 21 de l'enfant, aucune malformation ne peut être repérée lors de l'examen. À l'annonce de ce résultat rassurant, le père essuie une larme et embrasse furtivement le front de son épouse. Ils sont heureux. Ont-ils oublié le handicap futur de leur enfant ? ou bien ceci n'a-t-il pas d'importance pour eux ?

Je ne suis guère accoutumée à cette totale acceptation et, je sens que je ne suis pas tout à fait à mon aise. Tristesse pour l'enfant ? Impression de travailler « en dehors des clous » ? Interférence avec mes limites personnelles ?

L'honnêteté m'oblige à dire qu'il n'y a pas que la majorité des parents qui craint la trisomie 21.

La phobie du handicap

C'est une femme sympathique et volubile. Elle a 41 ans. Elle est enceinte alors qu'elle ne croyait jamais le devenir. Son mari est un homme veuf. Il a vingt ans de plus qu'elle et déjà deux grands enfants d'une précédente union. C'est une joie radieuse que la survenue de cette grossesse inattendue. Les examens médicaux n'indiquent pas de risque élevé que l'enfant soit porteur d'une trisomie. Sauf que celle-ci est la terreur de la maman. C'est avec franchise qu'elle m'en explique la raison.

Alors qu'elle était encore enfant, elle a connu un petit voisin porteur de cette anomalie chromosomique. La gamine timide qu'elle était alors était apeurée par l'étrangeté de ce garçonnet pataud. Quand elle le croisait, il répétait de sa voix basse et rauque le même mot : « un bibi, un bibi… » puis il essayait de tirer sur ses tresses pour venir plaquer maladroitement sur sa joue des lèvres baveuses et fissurées. L'enfant disgracieux l'aimait bien. Elle se souvient qu'il bavait au point que le devant de sa chemisette impeccablement repassée était toujours pourvu d'une étendue humide. La gamine trouvait cela dégoûtant. La tête qu'il avait fort ronde et ses petits yeux étirés guettaient chacun de ses passages si bien qu'au retour de l'école, elle montait les escaliers quatre à quatre, cœur battant et tresses soigneusement enfouies sous son manteau. Chaque jour, et pendant toutes ses années d'enfance, la sonnerie de fin de classe a déclenché chez elle une petite anxiété : « Il » serait sans doute à l'attendre dans un coin de la cage d'escalier, « il » essaierait encore d'agripper ses cheveux pour lui donner l'accolade. Plus elle imaginait la scène et plus le petit voisin lui apparaissait monstrueux.

« Toine », elle se souvenait de son surnom, était devenu sa lancinante obsession. « Mais enfin, il ne va pas te manger ! », lui disait sa mère qui était à mille lieues de se douter de l'impression désastreuse qu'avait l'enfant sur l'imagination de sa fille. Malgré les précautions et évitements pris, un jour, Toine a été plus rapide qu'elle et a voulu lui faire une bise : « Bibi, bibi… ». Horrifiée, elle s'est mise à hurler à pleins poumons et a fait un tel boucan que les voisins sont sortis de chez eux pour voir qui on était en train d'égorger. Et c'est avec peine qu'un jeune homme l'a dégagée de l'emprise de Toine. Celui-ci, frustré comme jamais de voir son amie refuser sa tendre amitié, est alors entré dans une belle fureur et s'est mis à mouliner des poings et des jambes tel un enragé.

Le soir même, le père de l'enfant est venu s'excuser auprès des parents de la gamine. Ceux-ci ont été très surpris car pétrie par la honte de ce mini-scandale, leur fille n'avait rien osé dire de l'incident. Elle avait eu peur de se faire gronder. Le souvenir de cet encombrant voisin au cou large et palmé est revenu à la surface quand le mot « trisomie » a été prononcé lors de la première consultation.

Voilà en abrégé ce que me raconte la patiente.

Sur la joie bavarde de la maman est alors retombé un voile épais doublé d'anxiété. Celle-là même éprouvée à chaque sonnerie de fin de classe, quand elle craignait de rencontrer l'enfant trisomique, au retour de l'école. Tout à la joie de cette grossesse, elle a éludé le risque lié à son âge, les médecins se sont fait fort de le lui rappeler.

Heureusement le dépistage consenti n'a pas montré de risque accru pour la trisomie 21 : la nuque du petit embryon est fine et le dosage des hormones placentaires est normal. Répit momentané car une semaine après, la maman téléphone au cabinet car elle est de nouveau très inquiète… Elle s'est mise à rêver presque toutes les nuits du petit voisin de son enfance. Tout en s'excusant : « Vous allez penser que je suis folle », elle se demande si ce ne serait pas « comme une sorte de signe prémonitoire ». Évidemment il lui est expliqué que faire de drôles de rêves quand on est enceinte est banal de même qu'on est parfois susceptible, irascible et que l'on pleure facilement. C'est la fameuse « labilité émotionnelle » à laquelle toute maman peut être confrontée. Il suffit de le savoir pour ne pas tomber dans le panneau. Pour dédramatiser je choisis de la taquiner : « De la divination ? ! Même pas en rêve… ». La maman raccroche à moitié convaincue. Quelques jours après, le mari passe me voir au cabinet pour me dire que sa femme pleure beaucoup, ne mange plus. Elle est certaine que son enfant ne sera pas « normal », aussi veut-elle faire vérifier les chromosomes même si cela implique « une piqûre dans le ventre ». Son mari pense que cela pourrait soulager sa femme et éviter la déprime qui manifestement la guette. Il est désemparé. Je lui dis que l'analyse des chromosomes du bébé n'explorera pas tout le bébé mais pourra dire, si oui ou non, le nombre de chromosomes est normal. Le papa est surpris car il a toujours pensé que si les chromosomes sont normaux, l'enfant est obligatoirement « normal ». Je rectifie. De plus, je lui précise que faire un prélèvement invasif n'est pas anodin car dans 1 cas sur 200 cela provoque une fausse couche. « On va réfléchir », me dit-il.

Quelques jours plus tard, la maman me téléphone encore car si elle a peur de la fausse couche, elle a encore plus peur d'une éventuelle trisomie 21 mais elle ne sait pas quoi décider… Cette angoisse permanente nous incite avec son médecin traitant à lui proposer un deuxième avis. Rendez-vous est pris dans le plus proche service hospitalier spécialisé dans le diagnostic anténatal. Mais lorsque les parents se rendent à la consultation hospitalière, ils reçoivent le même avis et sont momentanément rassurés par cette unanimité.

Entre-temps la maman de la patiente a débarqué chez son gendre pour « aider sa fille ». Elle en profite pour donner son avis qui se résume à : « Tu te souviens du fils du voisin ? » et, des fois que le message n'ait pas bien été entendu, elle lui dit : « Tu te rends compte, avoir un handicapé, à ton âge ? ! » Le mari commence à regretter d'avoir appelé la belle-maman pour soutenir le moral de sa femme. Maintenant il doit gérer l'angoisse des deux femmes. Et même davantage car sœur, tantes, cousines germaines et lointaines, amies y vont de leur petit conseil personnel. Dans cette cacophonie, le mari voit son épouse sombrer comme une épave. Et dire que tout avait si bien commencé !

Pour en finir avec ce vilain scénario, les parents sont maintenant certains de vouloir une amniocentèse. Il n'est évidemment pas question de refuser en raison de l'âge de la maman mais aussi en raison du risque judiciaire.

Dans une ambiance plombée par l'angoisse, le geste médical se déroule normalement. Les suites immédiates sont simples mais cinq jours après la ponction de liquide amniotique, la maman se met à perdre du liquide puis à saigner abondamment. Affolés, les deux parents se rendent aux urgences de la maternité où la maman est échographiée. Le diagnostic tombe : les membranes du sac amniotique se sont rompues et le fœtus encore vivant est coincé dans un œuf qui ne contient plus une goutte de liquide amniotique. Quatre jours plus tard, la maman fait une fausse couche dans le chagrin et la tristesse générale. Même si cette complication survient de façon rarissime, on doit toujours y réfléchir à deux fois quand on se décide à faire un geste invasif. Dans cette triste histoire c'est bien la « maladie des risques » et ses fantasmes qui ont frappé l'enfant, enfant mort de la peur de l'autre, ce petit voisin trisomique rencontré il y a presque trente années.

Le médecin et la trisomie 21

C'est un lundi matin comme tous les autres. Je viens de commencer mes consultations depuis vingt minutes quand la secrétaire me prévient qu'un fameux confrère, spécialisé en cardiologie pédiatrique, désire me parler au téléphone. Je m'inquiète immédiatement car lorsque ce médecin, très respectable, téléphone personnellement, c'est généralement pour annoncer une mauvaise nouvelle. Bingo ! Il me dit qu'il a pratiqué l'échographie cardiaque d'un nouveau-né porteur d'une trisomie 21, et que celui-ci présente une grosse anomalie cardiaque. L'ennui est que je n'ai rien décelé lors des échographies pratiquées durant la grossesse de la maman. Ce genre d'annonce fait l'effet d'un uppercut au foie. J'avale péniblement ma salive pour demander au confrère si l'anomalie cardiaque est vraiment évidente. « Oui elle l'est », me dit-il. Je gaspe comme une carpe. Puis je lui demande comment va l'enfant et comment ses parents prennent la chose. « Le bébé va bien mais il devra être opéré. Quant aux parents, ils sont encore abasourdis par la nouvelle du handicap de l'enfant. »

Je raccroche assommée. Mais qu'est-ce que j'ai fichu ? Est-ce que j'aurais pu dépister cette anomalie cardiaque ? Je respire à fond et ouvre le dossier de l'enfant. Je veux voir les images archivées de l'enfant et vérifier si l'anomalie cardiaque est visible sur mes images échographiques de surveillance de grossesse. Cette réponse est cruciale car si j'avais repéré l'anomalie cardiaque, j'aurais proposé aux parents une analyse chromosomique du fœtus. La trisomie 21 aurait été diagnostiquée et la grossesse probablement interrompue.

Tenaillée par la peur d'avoir failli, je scrute une à une les coupes du cœur et je ne vois… rien. Je fais un zoom sur toutes les images et je ne vois rien non plus. Je songe que ce cœur est un piège à lui tout seul ou bien que je suis en train de tomber dans la médiocrité. Je ne cesse de soupirer. Cet enfant a vraiment la baraka pour avoir échappé au diagnostic…

Je rappelle sur-le-champ mon éminent confrère pour le prévenir que je lui envoie toutes les images du fœtus afin qu'il en fasse la critique et je le prie instamment de m'indiquer comment j'aurais pu faire le diagnostic de cette malformation. Il me promet de les analyser au calme et de me tenir au courant…

Mauvaise journée. Nuit agitée : je ne trouve pas le sommeil du juste. Le lendemain, j'attends avec impatience l'appel du confrère, en vain. J'attends encore le lendemain puis le surlendemain. N'y tenant plus, j'ose enfin le rappeler. Il n'a pas encore eu le temps de voir les images. Le suspense continue.

Quelques jours plus tard, le confrère me rappelle et me dit : « C'est incroyable, c'est étonnant, c'est incompréhensible mais la malformation cardiaque n'est pas visible sur l'ensemble de vos images. » Il n'entend pas mon soupir de soulagement car l'inquiétude ne m'a pas quittée depuis que j'ai appris la trisomie de l'enfant. Je lui demande : « Suis-je la seule à qui cette mésaventure arrive ? » et : « Avez-vous eu d'autres diagnostics manqués de ce genre ? ». Il me dit que cela arrive même si ce n'est pas toujours bien expliqué, il poursuit en me suggérant de montrer les images du dossier pour l'enseignement et la formation continue des médecins.

L'une des premières causes de procédures judiciaires concerne la trisomie 21, c'est dire si de bonnes images échographiques sont essentielles pour prouver que l'examen a été fait « dans les règles de l'art » et ainsi se protéger de la justice. Malgré cela, tout échographiste doit travailler avec une épée de Damoclès sur la tête ce qui fait de la trisomie 21 une obsession médicale autant que parentale. C'est aussi une obsession française car depuis plus d'une décennie, la France s'est donné de grands moyens pour le dépistage de la trisomie 21 qu'il est obligatoire de proposer à toutes les femmes enceintes. Ce dépistage échographique s'effectue au premier trimestre en mesurant la nuque de l'embryon dans des conditions techniques rigoureuses et au dixième de millimètre près. Pour ce faire, les médecins sont enseignés de façon intensive et doivent posséder un numéro d'agrément faisant apparaître leur compétence pour cette prise en charge. Des magistrats sont fréquemment invités dans les congrès de sociétés savantes pour discourir des nombreux casse-tête médico-légaux de la trisomie 21. Ils ne manquent pas d'évoquer d'un air grave ce que risque un médecin s'il se montre trop mou du genou dans cette course nationale au dépistage. Leur message a le mérite de la clarté : si un enfant trisomique naît et que les parents portent plainte, gare à vous si on juge qu'il y a faute ! Car outre le goudron et les plumes, vous n'échapperez pas à la saignée d'une absence de résultat.

En effet, la règle qui prévaut chez les juges est de se servir copieusement en argent sur l'assurance du médecin. C'est ainsi qu'on feint d'indemniser les parents au motif d'un préjudice moral à la seule fin de leur fournir une compensation financière pour le handicap de l'enfant. Il faut bien trouver un coupable pour ce chromosome supplémentaire car selon la législation française, tout préjudice doit être indemnisé.

Alors les tribunaux de salut public jugent que le médecin-citoyen doit payer s'il y a faute mais parfois, la faute est très discutable… Terrorisme républicain qui tranche toutes les têtes de médecins qui ont approché collectivement de près ou de loin la grossesse malchanceuse. Tremblant à l'idée que leurs têtes ne roulent dans la sciure, les médecins s'acharnent compulsivement à dépister les enfants trisomiques. Et à la demande des parents, ils les éliminent. La collectivité approuve pour son plus grand soulagement financier. Si les médecins échouent à ce grand projet national, cela se chiffre pour eux à plusieurs centaines de milliers d'euros car les juges ne mégotent pas le montant de leur compassion.

Les tirs croisés sociétaux et judiciaires nous affolent donc pire que des gnous sentant un prédateur tapi dans les hautes herbes. Exhortés à pister sauvagement, nous sommes parfois pris dans un élan tel qu'il nous fait parfois dépasser la ligne. Alors que j'insistais auprès d'une maman sur la nécessité de faire vérifier les chromosomes de son fœtus, il a fallu que celle-ci me reprenne vertement (et combien justement) : « Madame ! Cet enfant, quel que soit son état, nous le VOULONS ! ». Continuellement baignée dans la déferlante du mouvement général, j'avais simplement oublié que des familles puissent vouloir accueillir en leur sein un bébé porteur d'un handicap.

Dans ce grand cirque romain, je suis regroupée avec les autres, entraînée pour la traque et évaluée pour mon efficacité. Si un petit survit à la finesse de ma chasse, je suis punie et ma réputation est ternie. Tel un commercial sans gêne qui coince son pied dans l'entrebâillement d'une porte, le médecin est tenu de proposer le dépistage (ce qui est normal) mais aussi de le bonimenter (ce qui l'est beaucoup moins). Car même si le couple prévient qu'il ne veut pas de ce dépistage, la loi le contraint à s'assurer que l'information délivrée a été comprise !

Car naturellement, il arrive assez souvent que les patientes, si elles donnent le jour à un enfant trisomique, se retournent contre le médecin avec l'argument toujours gagnant : « Ah mais je n'avais pas bien compris les explications que l'on m'a données. »

Et Même si l'information est prouvée à grand renfort de preuves écrites, signées et contresignées, toute cette paperasse ne vaut pas tripette devant un tribunal. Aussi la discrète perversion des dispositions juridiques fait souvent ressembler les consultations à des actes notariés qu'il ne fait pas bon de négliger. Il y va de la paix psychique, professionnelle, juridique, assurantielle, financière et patrimoniale.

« Vous êtes sûre de ne pas vouloir faire de dépistage ? » « L'avez-vous bien compris ? Voulez-vous que je vous le réexplique ? », « Vous savez, c'est juste une prise de sang en complément de votre échographie... », « Et puis c'est pris en charge par la Sécurité sociale... ». « Mais attention, je ne voudrais pas vous influencer... ». Si la patiente possède l'armure d'un croisé pour tenir le siège, c'est avec une petite pointe de déception que l'on écrit sur le dossier : « La patiente ne désire pas de dépistage de la trisomie 21 » ou bien encore « La patiente refuse l'analyse chromosomique ». Genre : « C'est pas MOI m'sieur l'juge c'est ELLE qui VEUT pas ! »

Car la pathologie générée par trois chromosomes 21 s'est muée en un pugilat financier où chaque protagoniste tâche de refiler l'addition à l'autre. Les parents qui ont fait l'enfant, les médecins qui ont fait l'échographie de l'enfant, la société qui considérant enfant et parents dirige un doigt vengeur et salvateur sur l'argent du médecin. Or, *a priori*, celui-ci a fait l'échographie mais pas l'enfant.

Le médecin aurait donc la paternité de l'anomalie tandis que le père celle de l'enfant ? Doit-il payer un tribut pour chaque naissance d'enfant trisomique dans le même esprit antique qu'un messager annonçant une défaite militaire était mis à mort ?

La justice le dit, la société le dit, les parents ont tout intérêt financier à le croire.

C'est assez dire que dans ce contexte oppressif, le dépistage national est un grand succès français.

Mais c'est aussi une hécatombe qu'il convient d'interroger.

En 2007, le registre international des anomalies fœtales [1] montre que la France a un taux moyen d'interruption de grossesse pour la trisomie 21 de 77,8 % (81 % à Paris). C'est le taux d'interruption le plus important au monde. À titre de comparaison, les taux d'interruption de grossesse pour trisomie 21 les plus bas sont ceux du Texas (3,4 %) et de l'Utah (7,8 %). Ceci mérite d'être tempéré car il est vrai que les Françaises font davantage d'enfants trisomiques parce qu'elles sont en moyenne plus âgées : 29,9 % ont plus de 35 ans. S'il existe bien un lien direct entre le nombre d'interruptions de grossesse pour trisomie 21 et la moyenne d'âge des mamans, il n'empêche que la politique française de punition de ses médecins porte ses fruits. Au Royaume-Uni, le registre « Wanda [2] » pour la contrée du Wessex note 47,5 % d'interruptions de grossesse pour trisomie 21 (20 % des mamans ont plus de 35 ans

1. Guido Cocchi, Sylvia Gualdi, « Prenatal diagnosis and down syndrome 2007 », *Collaborative research projects. International Clearinghouse for birth defects surveillance and research.*

2. WANDA, *International Clearinghouse for birth defects surveillance and research, annual report 2009 with data for 2007.*

dans le Wessex). Quant au registre « Caris[3] » du pays de Galles, il enregistre 55,5 % d'interruptions de grossesse pour la trisomie 21. Il faut cependant noter que le pourcentage d'interruptions de grossesse pour la trisomie 21 ne reflète pas exactement le pourcentage de dépistage de cette pathologie car certaines mamans font naître leur enfant trisomique en toute connaissance de cause. La Hollande qui nous est souvent donnée en exemple est très particulière puisqu'on note 25,9 % d'interruptions de grossesse pour trisomie 21, donc les trois quarts des trisomiques naissent[4]. Est-ce le résultat de la médiocrité de leur dépistage ? ou le handicap mental est-il mieux accepté dans cette nation réputée pour sa tolérance ?

Quels que soient les biais d'interprétation intervenant dans les statistiques nationales, de nombreuses voix s'élèvent pour critiquer cette « chasse aux trisomiques ». Car peut-on raisonnablement affirmer que les parents ont le choix de conserver la vie de leur enfant quand il n'existe pas de moyens suffisants pour l'accueillir ? Et dans

3. CARIS, *International Clearinghouse for birth defects surveillance and research, annual report 2009 with data for 2007.*

4. « Northern Netherlands International Clearinghouse for birth defects surveillance and research », *Annual report 2009 with data for 2007.*

quelle mesure certains parents ne se voient-ils pas contraints de l'éliminer ?

Il y a sans doute de quoi interpeller une république qui a gravé dans le marbre que « tous naissent et vivent égaux en droit ». Et même si cette sentence a la valeur d'un mythe laïque, où sont donc nos structures d'accueil pour enfants mentalement handicapés ? Où sont les programmes de recherche qui améliorent la prise en charge de la trisomie ?

Le bien nommé « exécutif » républicain charge les médecins de s'acquitter de ces basses œuvres en réglant l'addition dans les baquets sanglants des grossesses interrompues. Aux armes citoyens ! et rangez bien vos bataillons... mais, bonne fille, elle offre des psychologues aux mères éplorées par un deuil plus ou moins contraint. Car si on imagine un monde civilisé ou toute personne porteuse de trisomie 21 serait respectée et accompagnée tout au long de sa vie, les parents seraient sans doute moins tenus de les éliminer. Ce qui décourage les familles de laisser naître ces enfants fragiles est qu'elles savent que l'enfant handicapé ne bénéficiera pas de la protection collective, de son attention. Pire, que les mauvais regards se tourneront vers eux. L'enfant restera en marge du grand système, condamné à regarder les autres, ceux qui ont le bon code-barres, deux chromosomes sur la paire 21.

Si une prise en charge existait, la terreur nationale du handicap serait certainement moins perceptible chez les parents. Peu de mères font leurs échographies en toute sérénité. La veille de l'examen, elles sont inquiètes et arrivent en tremblant à la consultation. Il est assez courant que la patiente ait déjà eu vent d'un problème rencontré chez un proche, une amie, ou une amie d'une amie. Certaines mamans montent sur la table d'examen comme si elles montaient à l'échafaud. Avec toujours ces interrogations récurrentes : « Dites-moi surtout s'il est normal », « Il n'a pas de signe de trisomie ? », « Vous avez tout regardé ? », « Alors il est bien normal ? », « Je peux l'annoncer à ma famille ? », etc. La panique est à son comble quand le test de dépistage donne un risque élevé pour la trisomie 21. Des heures de pleurs téléphoniques. Et malgré le mauvais test, si le fœtus a le nombre idéal de chromosomes, la frayeur maternelle laisse des marques indélébiles sur l'ensemble de la famille.

L'arrivée d'ici deux à trois ans d'un test sanguin précoce avant dix semaines d'aménorrhée va sans doute soulager médecins et patientes de l'ambiance anxiogène induite dès le début de la grossesse par les incertitudes du dépistage et les dangers de l'amniocentèse. Le professeur Alexandra Benachi, chef de service de la maternité de Béclère, voit en cette innovation une évolution positive car le test, précoce et compréhensible par tous, laisse davantage de temps et de place à une réflexion parentale plus sereine. Libérés d'un certain climat de panique, les parents pourraient mieux ancrer leurs décisions. En outre le grand avantage de ce test sera de diminuer considérablement le nombre de prélèvements et donc le nombre de perte d'enfants non trisomiques car l'amniocentèse est responsable de 1 % de fausse couche. Le professeur Israël Nisand de Strasbourg refuse l'extension du test à toutes les femmes, autant pour des raisons éthiques que par crainte d'une dérive eugénique. En outre, il refuse de céder à la pression des laboratoires promoteurs de ce test. Pour finir, le professeur Yves Villes de Necker déclare que « la dérive eugénique » est un « fantasme de médecin ».

Fantasme de « médecin » ? Oui peut-être... Mais n'est-ce pas assez heureux qu'il en existe encore ? Ou bien les ingénieurs de la médecine ont-ils définitivement pris le pouvoir dans les destinées humaines ?

4

MÉCHANT RESSAC

Madame G. tient à me montrer son bébé, il vient juste d'avoir un mois et dort paisiblement dans un joli couffin. « C'est mon troisième enfant, mais c'est "le dernier" », me dit la maman. Elle a appuyé sur ce mot avec un petit soupir qui indique un pincement du cœur, une tristesse.

Je remarque l'attention toute particulière portée à la lingerie du bébé. L'enfant est assoupi dans un flot de dentelle, et une couverture blanche vient donner un bel éclat à ses petites joues. La maman est venue me raconter ce qui lui est arrivé. J'ai pratiqué les échographies de sa grossesse et je me souviens bien que vers le 8e mois de sa gestation, elle s'est plainte de douleurs aigües dans le bas-ventre, qui se déclenchaient n'importe quand et disparaissaient sans logique apparente. Aucune explication fiable concernant l'origine de ses douleurs n'avait pu lui être donnée. Au décours d'un épisode plus éprouvant que d'habitude, elle avait été hospitalisée pendant 48 heures pour faire quelques examens. L'équipe hospitalière s'était montrée rassurante. Rien de fâcheux n'avait été détecté et le fœtus se portait comme un charme.

La mère était pourtant inquiète, et malgré des échographies normales, je n'étais pas tout à fait tranquille non plus. Il avait été convenu que dès les premières contractions, elle devait se rendre à la maternité, une maternité apte à prendre en charge des grossesses à risque. Si la précaution apparaissait très exagérée, au moins son dossier était signalé. Nul doute que l'équipe hospitalière la surveillerait de près. Il est toujours étrange de pressentir un danger sans pouvoir l'identifier. Dans ces situations d'attente, l'instinct plus que l'analyse tâche de se garantir.

Le jour J, c'est tout à fait heureuse que, après une ultime poussée, la maman a entendu le premier cri de son enfant. Un beau garçon dont la vue a instantanément rassuré son père, alarmé lui aussi par les douleurs inexpliquées de la fin de grossesse. Tout le monde se réjouit en contemplant le solide bébé qui récupère, affalé sur le ventre de sa maman. Le papa coupe le cordon sans trembler car, par le passé, il a déjà procédé à cette cérémonie. Alors que tout le monde discute et plaisante joyeusement, la sage-femme procède à l'expulsion du placenta. Mais débute un petit saignement en nappe qui se transforme progressivement en une hémorragie qui semble ne pas pouvoir se tarir. Les manœuvres et les médications habituelles sont effectuées : sans succès. Pas moyen de stopper l'abondant saignement qui maintenant coule à robinet ouvert. Branle-bas de combat dans la salle d'accouchement. La maman, soudainement très faible, a juste le temps de réaliser que quelque chose est en train de se passer, puis… c'est le trou noir. Elle a connu la suite des événements à travers ce que son mari lui a raconté.

L'équipe de réanimation a déboulé en quelques minutes, oubliant le papa tétanisé et blanc comme un linge. Il ne peut détourner les yeux de la table d'accouchement où sa femme, inconsciente, gît. Il a vu ses globes oculaires se tourner, il est choqué. Une foule de personnes s'activent, lancent des ordres secs et tendus. Il voit les électrodes, les tubes, l'oxygène, les cathéters… Il ne comprend rien de ce ballet furieux mais précis. Les secondes s'éternisent. Est-il en train de cauchemarder ? Il est happé par la vision des poches de sang rouge et de liquides jaunâtres qui débitent à toute vitesse dans les veines de sa femme. Le fil de la vie, de sa vie à elle, de leur vie à tous les quatre. « Non cinq maintenant », se dit-il. Que va-t-il se passer ? Avec effarement, une sage-femme finit par remarquer sa présence et le fait sortir promptement. Il faut presque qu'elle le pousse car il ne l'entend pas. Le père, blanc comme la mort, est conduit dans une salle d'attente où il s'affaisse dans un fauteuil, secoué par ce qu'il vient de voir et trop sidéré pour pleurer. Une longue nuit commence car ni les encouragements du personnel soignant, ni les cafés avalés compulsivement n'ont pu atténuer l'épouvante de ces heures-là.

Au bout d'un moment interminable, la sage-femme vient le prévenir que son épouse a été transportée au bloc opératoire. On a tenté de lui faire une ligature des artères utérines afin d'arrêter l'hémorragie mais, hélas, il faut être encore plus « radical ». L'obstétricien est en train de procéder à une ablation de l'utérus pour tarir le saignement. Le père reste sans voix. Le beau bébé de 3 700 grammes est son dernier fils et il faut que sa mère vive. Une heure se passe encore où le père éperdu passe de l'espoir au désespoir en guettant les bruits du couloir. Hagard, il fixe la crasse aseptisée qui s'est accumulée dans les fentes du sol.

Il compte et recompte machinalement ces petits tas de saleté javellisés et durcis. Est-il en train de perdre sa femme ? Que va-t-on lui annoncer ? Et si l'irréparable se produit, comment va-t-il faire tout seul avec ce bébé ? Que va-t-il dire demain matin à ses deux garçons qui tout excités attendront le retour de maman et du petit frère à la maison ? Au fur et à mesure de la nuit, il échafaude plusieurs scénarios avec différentes fins possibles qui vont du grand bonheur au grand malheur. Pour arrêter la succession des pensées qui se bousculent les unes après les autres, il compte et recompte les dalles du sol en plastique, l'exercice le soulage. Puis immanquablement la ronde des images et des pensées reprend sans qu'il puisse en interrompre le flux douloureux.

Deux heures ont passé, il est transi. Il a avalé trop de café et il tremble un peu. Mais un médecin navré arrive pour lui annoncer que la situation est en train de leur échapper. Il doit se préparer au pire car le réanimateur arrive tout juste à maintenir la patiente en vie, son état est très instable. Le pronostic vital est engagé. Le père doit se préparer et s'armer de courage…

Assommé par la nouvelle, le père signe des papiers qu'on lui tend puis s'effondre dans le fauteuil. La sage-femme tente de le réconforter.

Veut-il prévenir des membres de sa famille ? Il ne répond pas. Comme si la monstruosité de ce qui est en train d'arriver l'envahissait tout entier au point qu'il regarde sans voir et écoute sans entendre. C'est donc cela un grand malheur ?

Trois heures d'attente atroce dans ce fauteuil défoncé ont suffi pour le vieillir de dix ans : ses cheveux ont blanchi en une nuit.

Voici comment madame GI m'explique ce jour cauchemardesque où elle a failli perdre la vie. Mais que s'est-il donc passé ?

Des villosités placentaires se sont anormalement incluses dans la paroi de l'utérus si bien que lors de la délivrance, le placenta ne pouvant s'en détacher complètement, une hémorragie intarissable s'est produite. Le placenta est dit « *accreta* », mot latin qui ne décrit pas vraiment la dangerosité de ce genre de situation. C'est un phénomène peu fréquent, à très haut risque et pas toujours prévisible. Rétrospectivement, il apparaît que les douleurs intenses de la fin de la grossesse étaient dues à la pénétration profonde de villosités placentaires dans un muscle utérin étiré, affaibli.

Je suis troublée car bien qu'il existe parfois des signes échographiques qui en permettent le diagnostic, ni moi ni l'équipe hospitalière avec qui je travaille n'ont pu voir l'anomalie de ce placenta.

Quelques centimètres cubes de cellules et de vaisseaux se développent là où ils ne doivent pas et c'est tout le corps qui se vide de son sang. Un petit territoire de muscle utérin envahi par des villosités placentaires et c'est toute la personne qui manque d'être détruite et, au-delà, son destin et celui de toute sa famille.

À mon grand étonnement, la patiente ne m'en veut pas du tout. Elle est même venue me remercier de mes conseils de prudence. Elle me dit alors en souriant :

« Sans l'équipe hospitalière, je serais maintenant une des mortes du cimetière, j'ai 37 ans et je considère que je fais maintenant du rab !

– Que voulez-vous dire ?

– Du rab… du rabiotage quoi ! J'ai rabioté des années de vie. »

L'histoire de cette patiente rappelle une vérité : une grossesse apparemment normale ne signifie pas que l'accouchement sera normal. La médicalisation acharnée déployée lors de l'hémorragie de la délivrance a récupéré de justesse la vie de cette mère dont le récit fait rétrospectivement froid dans le dos. Que serait-il advenu si elle n'avait pas accouché médicalement ? Si on avait considéré qu'avec ses deux précédents accouchements, elle avait déjà fait ses preuves ?

Dans le rapport de la Cour des comptes de février 2011 concernant « le rôle des sages-femmes dans le système de soin [1] », les messieurs de la rue Cambon se grattent le menton et se poussent du col et du coude : n'en faisons-nous pas trop dans la médicalisation de l'accouchement ? Et le rapport de souligner la grande technicisation des accouchements : 20 % de déclenchements du travail, 20 % de césariennes depuis 2007 et 80 % de péridurales (dont 5 % pratiquées sur des femmes qui ne l'avaient pas demandée mais qui ne l'ont pas refusée non plus). Commentaire acidulé : « Cette conception française de l'accouchement est loin d'être universelle. » Rhétorique de vieux matous non dénués d'arrière-pensées économiques. En prime, il est benoîtement indiqué que 90 % des Hollandaises accouchent sans péridurale et que « les Néerlandaises sont en effet nombreuses à penser la péridurale inutile ». Ben tiens ! On les voit venir de loin ces as de la calculette : 820 000 accouchements français par an, perfusés, périduralisés, instrumentalisés, césarisés, cela coûte plus et davantage que 820 000 femmes qui serrent les dents dans leurs draps. De là à penser que les

1. « Le rôle des sages-femmes dans le système de soin », Cour des comptes, septembre 2011.

Françaises pourraient un peu plus se casser le derrière pour accoucher par elles-mêmes... D'autant que certaines associations en rajoutent une couche. Dans un articulet de *Panorama du médecin*[2], le collectif CIANE se plaint que 36 % des femmes qui ont été déclenchées n'ont pas été sollicitées pour donner leur consentement et que, concernant l'administration d'ocytocine, « la plupart des femmes ne sont pas prévenues de l'administration d'ocytocine pendant l'accouchement, administration rendue invisible par la pose systématique d'une perfusion » : soit une sorte de poison administré sournoisement. En outre parmi les femmes qui ont été informées de ce geste, 55 % disent qu'on n'a pas demandé leur consentement. Le titre de l'articulet : « Les femmes n'ont pas leur mot à dire » en dit long sur l'idée qui est véhiculée : les parturientes sont les victimes d'une médecine totalitaire. Ces doléances arrivent à point pour les décideurs qui rament sur les eaux troubles d'une faillite gigantesque. Un grand retour à la nature pourrait venir regonfler la tirelire nationale : vive la démédicalisation ! Oh le beau et gros gisement d'économies ! Ils ont commencé à exploiter le filon

2. « Les femmes n'ont pas leur mot à dire », *Panorama du médecin*, n° 5263, avril 2012.

et une récente étude française semble aller dans ce sens [3]. Elle démontre que si on sélectionne les mamans qui ont de bonnes chances d'accoucher sans ennuis, le taux d'accouchement naturel augmente et le taux d'épisiotomie diminue. Assez logique. De plus l'étude conclut que dans ces mêmes conditions, les enfants naissent en bonne santé et ne présentent pas de soucis particuliers. Des résultats loin d'être définitifs : une étude anglo-saxonne [4]fait elle apparaître une tendance à l'augmentation de décès de nouveau-nés. De même, pour ce qui concerne le coût des dépenses, on peut légitimement penser que l'accouchement naturel revient globalement moins cher : son tarif est plus bas et il ne génère pas de dépense médicale (pas de péridurale, pas de médication). Pourtant, là encore, une étude anglaise récente n'en a pas démontré l'évidence [5]. En clair, même si les décideurs feignent de le croître, les arguments

3. A. Gaudineau, E. A. Sauleau, I. Nisand, B. Langer, « Issues obstétricales et néonatales en maison de naissance : une étude cas témoins », *Gynécologie obstétrique et fertilité*, 40(2012) 524-528.

4. Hodnett E.D., Edwards N., Walsh D., « Home-like versus conventional instutitional settings for birth », *Cochrane data base Syst Rev.*, 2005 ; 1(1).

5. P. Ryan, P. Revill, D. Devane, C. Normand, « An assessment of the cost-effectiveness of midewife-led care in the United Kingdom », 5 mai 2012.

« écologiques » et économiques du « mieux » et du « moins cher » sont loin d'être vérifiés.

D'ailleurs, un autre rapport de la Cour des comptes de février 2012 concernant cette fois-ci « la politique de périnatalité [6] » ne pointe pas du doigt « la grande technicisation de l'accouchement » mais au contraire... sa sous-médicalisation. Ce rapport note ainsi que les indices de mortalité des mères et des nouveau-nés sont devenus médiocres ces dix dernières années. Pire, en raison de l'obsolescence des systèmes informatiques français, depuis 2008 la France est incapable de fournir des chiffres fiables. Malgré ces difficultés de recueil des données, on sait que la France compte par année environ 70 décès de mamans. La toute première cause des décès maternels est la survenue d'une hémorragie cataclysmique au décours de l'accouchement. Si les données épidémiologiques soupçonnent l'ocytocine utilisée pour réguler les contractions utérines, jusqu'à présent aucun lien formel n'a pu être établi [7]. Le rapport indique que

6. « La politique de périnatalité : l'urgence d'une remobilisation », Cour des comptes, février 2012.

7. On pense que l'ocytocine entraînerait une « inertie utérine », soit une fatigue du muscle utérin qui, incapable de se rétracter après l'expulsion du placenta, déclencherait une hémorragie. Néanmoins, il n'y a aucune certitude et on ne peut expliquer l'augmenta-

les trois quarts de ces décès pourraient être évités et propose des solutions concrètes pour remédier à ce problème de taille. Or, les solutions préventives proposées impliquent davantage de médecine et non l'inverse ! Par exemple, il suggère d'améliorer la délivrance dite « dirigée », une mesure qui diminue de moitié le risque d'hémorragie. Celle-ci consiste à faire à la maman une injection d'ocytocine immédiatement après l'expulsion du bébé, une pratique qui n'est pas systématique en France. Un geste médical simple que désapprouveraient probablement les adeptes de l'accouchement économique. La Cour des comptes souligne également que les maternités n'ont pas suffisamment accès aux services de radiologie interventionnelle. En effet, c'est en radiologie interventionnelle que les médecins peuvent obstruer une artère qui saigne (embolisation) pour arrêter la source de l'hémorragie et sauver la vie d'une mère tout en lui conservant son utérus. Un geste qui n'est pas une ode à la nature mais qui peut sauver une vie s'il est pratiqué à temps. Pour couronner le tout, le même rapport indique que seules deux maternités de

tion du taux « d'inertie utérine » d'autant que ce phénomène est observé également en Hollande et aux USA.

niveau III [8] sur dix possèdent un service de réanimation pour adulte et sont donc capables d'accueillir une maman en état critique.

On le voit, le défaut de médicalisation est en partie responsable des mauvais résultats concernant les hémorragies de l'accouchement, première cause de mortalité maternelle en France. Et ce n'est pas tout ! En ce qui concerne la mortalité infantile, la France qui en 1999 était au 7e rang européen est passée au 20e rang en 2009. Le Royaume-Uni, dont le modèle de santé publique est convoité par nos administrateurs de santé, est au 22e rang. C'est dire si dans notre dégringolade, nous ne sommes plus très loin des Anglais. Et la chute planifiée des effectifs médicaux n'est pas en reste dans ces mauvais chiffres : 5 % des maternités réalisant 1 500 à 2 000 accouchements par an ne bénéficient pas de la présence permanente d'un gynécologue obstétricien et 3 % des maternités de niveau III (réservées aux grossesses à risque) n'ont pas de pédiatre à demeure faute de financement. *A contrario*, certaines maternités disposant de financement ne trouvent pas de médecins…

8. Des maternités aptes à recevoir les patientes présentant une grossesse à risque.

Les statistiques du rapport, en admettant qu'elles soient fiables, montrent que le fléau de l'accouchement n'est pas l'hypermédicalisation mais bien le manque de médecins accoucheurs, de pédiatres, l'absence de délivrance médicalisée systématique, les difficultés d'accès au service de radiologie interventionnelle. Autant de manques qui contribuent à la désorganisation des services, les restrictions budgétaires étant *in fine* responsables de cette situation.

Néanmoins, il ne faut prendre aucun rapport gouvernemental pour argent comptant. Tous contiennent une quantité innombrable de biais statistiques identifiés ou non. Les informations qu'ils délivrent sont souvent parcellaires et erronées car ils se fondent sur des données médico-économiques et non sur des données médicales pures. En effet, la « cotation financière » qui code administrativement un acte médical ne décrit pas précisément la raison et les circonstances de cet acte. Pas plus qu'un code-barres posé sur l'emballage d'une denrée alimentaire n'est capable de dire où et comment celle-ci a été produite. Il est ainsi désolant qu'il n'existe pas de système de cotation dédié aux événements médicaux de la périnatalité. Un des exemples les plus emblématiques est celui des nouveau-nés ayant un petit poids de naissance.

Ce poids de naissance est donné sans indication du terme de la grossesse si bien que dans le recueil des informations un nouveau né de 2 500 grammes peut correspondre à un enfant né avant terme ou à un enfant né à terme, mais qui a été retardé dans sa croissance. Ces bébés rassemblés sous le vocable « petits poids de naissance » répondent à deux pathologies radicalement différentes. La cotation ne peut donc rien « donner » d'autre que des erreurs d'interprétation mais cela n'empêche personne de s'accrocher à des chiffres discutables pour pondre des rapports comme des poules. Il est tentant de penser que cet argent serait mieux employé aux études épidémiologiques dont les médecins ont tant besoin.

Dans cette affaire, le plus dommageable est quand ces rapports gouvernementaux se lancent dans des comparaisons internationales, avec l'art de comparer des navets avec des carottes. Un exemple parmi d'autres est celui du Canada où davantage de femmes présentent une déchirure du périnée après leur accouchement. Les médecins canadiens sont-ils de gros maladroits ? Évidemment non ! Il s'avère simplement que leur méthode d'épisiotomie est médiane ce qui génère davantage de traumatismes qui vont jusqu'à déchirer le sphincter anal alors que l'épisiotomie pratiquée en

France est latérale. Celle-ci protège davantage le périnée des déchirures possibles. Nous échangerions nos méthodes que les résultats canadiens s'amélioreraient et les nôtres s'effondreraient. On peut ainsi comprendre qu'il est commode de sortir la carte d'un jeu de statistiques qui viendra favoriser tel argument plutôt qu'un autre en fonction des impulsions politiques désirées.

5

L'INDUSTRIALISATION DE LA SANTÉ

Un après-midi d'octobre, en sortant de mon bureau de consultation, je tombe sur une femme longiligne, pâle, aux cheveux défaits. Elle se tient juste derrière ma porte, debout, dans le couloir. Veut-elle me signifier qu'elle ne peut plus attendre ? Ou est-ce une façon de me dire que je suis en retard dans mes rendez-vous ? Je pressens chez elle une sorte de mépris, une possible hostilité. Visiblement, elle est mal en point. Je remarque ses traits chiffonnés, ses gestes secs qui trahissent son extrême agacement. Le malaise est contagieux. J'engage prudemment la conversation, lui dis qu'elle semble fatiguée, demande la raison de sa consultation. D'un débit rapide et d'une voix légèrement dissonante, elle m'explique qu'on lui a prescrit une échographie pour vérifier que son « utérus est bien vide ». Puis, comme surprise elle-même par son intonation, elle baisse la voix pour me dire : « J'ai fait une fausse couche. » Bien que connaissant évidemment la réponse, je lui demande si son moral est bon. Tient-elle le choc ? C'est alors que la jeune femme fond en larmes. Le mépris crânement affiché n'était que la façade d'un immense chagrin. Elle parvient à me dire qu'elle n'en peut plus, que cela n'en finit pas, des jours et des jours qu'elle sait que son bébé est mort, qu'on lui a donné des comprimés pour faciliter l'expulsion, qu'il « est maintenant parti », mais qu'elle ne cesse plus de saigner. Ce week-end, elle a fait plusieurs allers-retours aux urgences, personne n'a résolu son problème, personne ne l'a écoutée : « Il faut attendre », lui a-t-on dit avant de la renvoyer chez elle en précisant : « Allez consulter votre médecin référent. » Les pleurs redoublent quand finalement elle lâche : « On m'a traitée pire qu'un chien ! ». Étonnée de la violence du propos, je lui demande de tout m'expliquer. C'est alors qu'elle me raconte son histoire, en s'essuyant les yeux avec une réserve impressionnante de mouchoirs. Il y a quelques jours, on lui annonce que sa grossesse n'évolue plus, qu'elle va faire une fausse couche. Elle reçoit de plein fouet la mauvaise nouvelle qui est pour le couple une catastrophe (elle a 40 ans). La venue de ce premier enfant est souhaitée depuis des mois. Son mari, lui-même très affecté, la console comme il le peut. On lui prescrit plusieurs comprimés destinés à évacuer le contenu de son utérus, son embryon mort, son bébé. Ce n'est qu'en fin de semaine, dans la nuit du vendredi au samedi, que la chose se produit. Elle est réveillée brutalement avec une violente crampe dans le bas-ventre, ses draps sont maculés de sang. Elle se précipite dans les toilettes. En pleurant et gémissant de douleur, elle finit par expulser un énorme caillot contenant une petite forme blanche et nacrée : son bébé. Choquée par la vue de l'embryon et paniquée par le sang qui ne cesse de couler, elle prévient sa voisine car son mari est en déplacement pour son travail. Celle-ci s'active pour la déposer aux urgences de l'hôpital le plus proche. Le service est bondé. Six à sept personnes allongées sur des brancards, alignés à la vue de tous, dans les couloirs. Le personnel soignant tente comme il peut de faire face à l'afflux des patients. Une infirmière l'interroge, remplit une fiche et lui propose, faute de mieux, d'attendre sur une chaise. Elle va y rester trois heures durant. Les douleurs la tordent en deux, elle gémit beaucoup, pleure parfois, réclame à plusieurs reprises des médicaments contre la douleur qu'on finit par lui apporter. Le temps s'étire en longueur. Elle ne peut appeler son mari. Pas de réseau et puis, c'est interdit. Maintes fois, elle va se pencher en avant, va se cramponner le ventre. Elle essaye d'atténuer les douleurs et les spasmes comme elle le peut. Elle a des nausées et une sueur froide la parcourt à l'acmé de chaque crampe. Vrillée sur place, elle voudrait pouvoir s'allonger. Ses sous-vêtements sont imbibés de caillots. Les protections sont devenues insuffisantes, de petites rigoles de sang s'écoulent le long de sa jambe. Elle nettoie en hâte avec un mouchoir en papier avant qu'une petite flaque ne vienne se former sur le carrelage blanc. Embarrassés, ceux qui attendent comme elle, détournent les yeux. Elle est malade de honte. Jamais elle ne s'est sentie autant humiliée. Le personnel débordé ne fait plus attention à elle. Elle ne cesse de leur répéter : « J'ai très mal, s'il vous plaît faites quelque chose », on lui répond à chaque fois : « On s'occupe de vous bientôt. » Quand vient son tour, un interne s'approche et, l'air désolé, lui dit qu'une fillette mal en point vient d'arriver et qu'il doit l'examiner avant elle. Que peut-elle répondre ? « Bien sûr la petite fille… » Enfin, on vient la chercher. On l'installe dans une petite pièce mal éclairée, la seule de disponible. Un médecin africain arrive mais ne peut hisser la table d'examen, elle ne fonctionne pas. La lampe d'examen non plus.

Courbé en deux, il se débrouille tant bien que mal avec une petite lampe. Il parvient à glisser un spéculum et à l'aide d'une longue pince ôte les membranes et les caillots qui obstruent le col utérin. La patiente arrive à apercevoir comme « un morceau de viande dans un récipient », les restes de sa grossesse. Haut-le-corps et nouveau sanglot. Mais le sédatif avalé en hâte ainsi que le geste du médecin commencent à faire un peu d'effet. Le médecin, attentionné, l'encourage « Cela va aller madame… » Son ventre reste lourd et endolori. Il est comme broyé de l'intérieur. Mais au moins, les crampes et les coups de poignard dans les reins, qui ont disparu, lui laissent un peu de répit, elle respire mieux à présent. La patiente réclame une protection périodique afin de pouvoir rentrer chez elle. L'interne a beau chercher dans les placards, il n'y en a pas. Il cherche quelques compresses, pas de compresses non plus. Il appelle alors une infirmière qui lui fournit une vingtaine de petits cotons oculaires. Cela fera bien l'affaire. Ce n'est que sur le parking des urgences que la patiente, encore chancelante, se demande comment rentrer chez elle, à cette heure de la nuit ? Dans la cohue, personne ne s'est soucié de son retour, pas le temps d'appeler un taxi. Elle-même, accablée par les douleurs, n'a pensé à rien d'autre qu'à son soulagement immédiat.

Et là voilà, stagnant sur le parking de l'hôpital, ne sachant trop comment faire. Elle appelle une amie qui vient la chercher pour la ramener à son domicile, l'aube pointe déjà. Exténuée par cette nuit d'enfer, le ventre meurtri et l'entrejambe souillé de sang, elle fait péniblement une toilette et s'allonge sur un canapé, le cœur et les tempes battants. Elle appelle son mari pour lui dire que tout s'est bien passé. Elle ne veut pas l'inquiéter. La matinée du samedi se passe à récupérer de ce cauchemar. Elle se lève en début d'après-midi, avale un peu de thé et décide de nettoyer son lit taché du sang de la veille. Instantanément un violent coup de poignard dans le ventre la reprend, la laissant cassée en deux, hagarde. Elle se remet à saigner. Même si le sang est moins abondant qu'hier, elle est terrorisée. Elle appelle le 15, et explique une fois encore son histoire. Il lui est répondu de consulter en ville. Elle dit qu'elle a trop mal, qu'elle est seule, qu'elle ne peut se déplacer. Même réponse. Elle attend que la douleur passe et que le sang s'arrête enfin de couler. Elle ne veut pas appeler son mari car il va s'inquiéter. N'en pouvant plus, elle rappelle le 15 une heure plus tard, même réponse : elle doit consulter en ville. Dans un sursaut de rage, elle appelle alors les pompiers. Ils arrivent à deux, un homme et sa collègue. Le pompier lui demande plusieurs fois : « Vous êtes sûre de ne pouvoir consulter ? » Elle dit « Non ! », elle ne peut pas, elle a trop mal. Elle veut que cela finisse, qu'on la soigne enfin. Finalement, la collègue du pompier, réceptive au désarroi de la patiente, finit par dire : « Écoute, cela suffit comme cela, ramenons-la aux urgences ! ». Les urgences sont donc obligées de la recevoir une deuxième fois. Elle est enfin échographiée et l'examen montre la nécessité d'un curetage. Fin d'un parcours « fausse couche » dans les nouvelles usines de la santé…

Cette patiente qui me raconte son histoire pleure autant la perte de son bébé que l'absence de soins et de considération dont elle a fait l'objet. Elle n'a pas été prise en charge comme un être humain : les douleurs épouvantables, les hémorragies, la confrontation avec l'embryon mort, l'absence d'aide morale, la pudeur, l'humiliation, l'attente, le soin tardif. Elle me dit qu'elle pleure beaucoup en ce moment, qu'elle ne dort plus, qu'elle n'a pas trop le moral. Elle est en colère. Elle a raison de l'être.

Cette femme est la « patiente-objet » de la « nouvelle gouvernance » : la rentabilité d'abord, le soin après. Son cas démontre l'absurdité et même la dangerosité des critères nouvellement imposés ! Une entrée aux urgences, puis une réadmission quelques heures plus tard, vient dénoncer l'absence d'économie (coût de deux admissions) et le mauvais soin. Fausses économies et zéro de conduite. La « nouvelle gouvernance », pour « plus d'économie et davantage d'efficience » est une belle arnaque ! On rogne quantitativement et qualitativement sur le personnel soignant pour diminuer la masse salariale. Moins nombreux, moins qualifiés, moins coûteux car les moyens sont comptés. Le but ultime étant d'éviter les hospitalisations, les consultations de trop longue durée puis de renvoyer rapidement les patients sur leurs médecins de ville. Seuls comptent les chiffres ! Ce n'est pas la maladie qui implique un soin mais son rendement financier.

La « nouvelle gouvernance » argumente que soigner moins, pour soigner mieux et si possible assez vite est tout à fait possible. Avec un leitmotiv issu des cabinets de consulting répétant qu'il n'y a pas de saturation des services mais seulement une mauvaise organisation [1] ! Le thème chéri de ces nouveaux usineurs se réplique partout à l'hôpital.

C'est ainsi que les chefs des services hospitaliers, tels des managers de superettes, vivent maintenant dans l'obligation permanente de rentabiliser leur service. De là à choisir les pathologies lucratives et

1. Nicolas Belorgey, *L'Hôpital sous pression. Enquête sur le nouveau management public*, La Découverte, 2010, p. 66.

rejeter celles qui ne le sont pas puis de raccompagner rapidement vers la sortie les personnes indigentes… Car il suffit que l'administration montre ses statistiques pour qu'ils fassent montre de diligence.

Dans ce contexte, il est devenu vital pour l'hôpital d'embaucher des médecins étrangers à diplômes étrangers d'une part pour combler les nombreux postes hospitaliers vacants (plusieurs milliers) et d'autre part pour joindre les deux bouts (ils sont moins coûteux). Dans les hôpitaux, les médecins d'origine africaine, moyen-orientale ou venant de l'Est sont rémunérés à 30 à 50 % de moins que les nationaux. Ils sont utilisés comme variable d'ajustement économique dans l'hôpital-entreprise, sont jetables à tout moment. Que par la même occasion on ne cesse de piller ces pays des médecins dont ils ont tant besoin est évidemment hors sujet. Selon l'adage « Moins de médecins, c'est moins de dépense de santé », une pénurie de médecins a été programmée en retoquant quantité d'étudiants priés d'aller voir ailleurs. Ceci n'empêche pas les responsables de cette vilaine pénurie de continuer leurs fructueuses carrières dans la Haute Administration française : pas de variable d'ajustement pour eux. Et ce sont ces mêmes tartufes, qui avec une bonne dose d'hypocrisie, se lamentent maintenant sur les « déserts médicaux » qu'ils ont largement contribué à créer. Pourtant, ils ont bien atteint leur but car les départs des médecins à la retraite s'accélérant, la carence médicale sera maximale en 2020. Associée au vieillissement de la population et à l'augmentation de ses besoins de santé, pas besoin de faire un dessin sur la santé future.

Pour y remédier, on l'a dit dès les premières pages de cet ouvrage, on crée de « nouveaux métiers » de la santé. Parmi ces professionnels, aucun médecin mais des personnes formées rapidement pour répondre à des besoins prédéfinis selon une feuille de route précise. Il ne s'agit plus d'apprendre un métier pour assurer un ensemble de compétences mais seulement d'apprendre à pratiquer un acte codifié sur telle ou telle partie du corps humain. Le patient n'est plus envisagé dans sa globalité mais son corps et sa vie sont divisés en autant de territoires susceptibles de recevoir une prestation de service. La prestation est alors tarifée sur le modèle des entreprises commerciales ou industrielles. Petit à petit on assiste donc, impuissant, à une déconstruction du métier de médecin. La démolition s'accompagne d'une injonction à organiser la médecine sur un modèle ultralibéral : rentabilisation du patient, délocalisation du savoir médical.

Du sous-soin produit à moins de sous. « La médecine est un produit de consommation comme un autre », entend-on souvent. Les nouveaux intervenants de la santé feront de la médecine sans l'avoir apprise ? Aucun problème ! Car il est prévu de fabriquer sur mesure des diplômes universitaires et des formations express et payantes qui viendront en plus remplir la trésorerie universitaire. De quoi se plaint-on !

Fait intéressant, cette multiplication de sous-médecines semble parfois bien accueillie par quelques médecins chefs hospitaliers qui ne se font pas prier pour l'organiser. Ces petites mains ouvrières, en soulageant les grands hospitaliers de leurs charges publiques, leur permettent en autres choses de faire tourner tant bien que mal leurs services publics et de poursuivre tranquillement au sein de l'hôpital leurs consultations privées. L'art d'avoir le beurre et l'argent du beurre, déjà dénoncé par le professeur André Grimaldi quand il écrit : « Ceux qui répètent que l'hôpital est une entreprise et que les patients sont des clients ne devraient pas s'étonner d'un certain nombre de déviances éthiques, qui se manifestent par exemple par la demande de certains chefs de service à être payés comme des chefs d'entreprise recevant des stock-options ou des dépassements d'honoraires pouvant aller de 700 euros à 1 500 euros[2]. » Miracle soudain de la nécessité et de l'enfumage : les sous-traitants pudiquement nommés acteurs de « santé intermédiaire » sont officiellement adoubés, reconnus comme aussi, voire plus, compétents que les médecins ! En revanche, payer correctement ce nouveau prolétariat de la médecine pour ses nouvelles responsabilités ? N'y comptons pas car l'objectif de tout ceci est de proposer un service discount par une main d'œuvre peu rémunérée. Et les « usagers », qui n'ont aucune idée de ces bidouillages, continuent quant à eux de payer le prix fort de leurs assurances sociales. Médecine anglaise oui, mais le coût des assurances de la santé reste bien français.

L'argument-massue pour transformer les centres hospitalo-universitaires en centres hospitalo-gestionnaires est un totem galvaudé nommé : « santé publique ». Il suffit de prononcer : « santé publique » et on voit immédiatement quelques congénères ou confrères confus se prosterner ou se balancer d'avant en arrière de façon répétitive. Dire qu'il n'y a de santé qu'individuelle et que, seul, son financement est éventuellement public

2. André Grimaldi, *L'Hôpital malade de la rentabilité*, Fayard, 2009, p. 37.

est une pure perte de salive. Un pilonnage politico-administratif a fini par persuader tout son monde que la santé est avant toute chose publique. Notons que pour l'instant on n'avoue pas que son financement futur sera de plus en plus individualisé et privé. Le financement public protégeant la santé personnelle va faire sa mue en un financement personnel protégeant la santé publique avec un différentiel de taille : la baisse générale de la qualité des soins. Étonnante alliance de bureaucratie étatique et d'économie néolibérale qui faisait dire à Pierre Bourdieu que l'opposition entre le libéralisme et l'étatisme ne résistait pas une seconde à l'observation [3].

3. Pierre Bourdieu, *La Misère du Monde*, Seuil, 1993, p. 220.

6

COMMENT FABRIQUER DES DISCIPLES

C'est une bibliothécaire, âgée de 30 ans. Elle a accouché pour la première fois il y a deux mois. Et c'est pâle et exténuée qu'elle se présente à la consultation. Elle vient faire une échographie car elle ne cesse de perdre du sang ce qui n'est pas fait pour améliorer son humeur chiffonnée (son bébé pleure le jour et la nuit). Car l'accouchement ne s'est pas du tout déroulé comme elle le désirait et elle « en veut à mort » à l'équipe hospitalière qui s'est occupée d'elle : « Ils se sont bien fichus de moi »...

Avec un soin maniaque, elle a rédigé et peaufiné des mois durant un « projet de naissance ». Celui-ci indique noir sur blanc qu'elle veut un accouchement naturel sans anesthésie péridurale car elle la redoute plus que tout. Elle a beaucoup lu et aussi beaucoup imaginé l'arrivée de son bébé. Elle a donc tout préparé pour que la réalité soit conforme aux différentes représentations mentales que neuf mois de grossesse ont eu le temps de sublimer. Son « projet » indique qu'elle désire un accouchement naturel et tranquille. Le mot tranquille est souligné en gras. Elle veut le moins de médecine possible, désire déambuler pendant la durée du travail, refuse par avance toute épisiotomie et interdit expressément qu'on mette une sonde dans le nez de son bébé pour aspirer le liquide amniotique qu'il pourrait éventuellement inhaler car « la nature y pourvoit » Elle voudrait qu'à la naissance de son petit, on le pose doucement sur son ventre pour un contact « peau à peau ».

Bref deux pleines pages de ses souhaits, désirs et préférences ont été rédigées comme un menu de fête. Méfiante, elle les a tous argumentés car la jeune femme a fait de la lecture non seulement un métier, mais aussi son passe-temps favori. Elle me raconte que lors de la dernière consultation, elle a remis son « projet » à l'obstétricien. Celui-ci a commencé sa consultation avec près de deux heures de retard, il ramasse hâtivement le beau papier comme un cabaretier ramasserait un billet de 5 euros au comptoir de son bistrot. Il ne prend même pas le temps de le lire et de le commenter avec elle. « Oui bien sûr votre projet… » et il se lève pour lui indiquer que la consultation est terminée (une dizaine de mamans patientent déjà dans la salle d'attente surchauffée).

« Rien qu'à ce genre de détails, j'aurais dû comprendre », me dit la maman. Mais pour des raisons de sécurité (son mari y tient), le couple maintient son choix d'un accouchement à l'hôpital. Le jour J, quand son mari l'accompagne à la maternité, le travail a commencé et son col est déjà dilaté à 3 centimètres. Les douleurs sont très supportables. Elle en est certaine, son accouchement sera magnifique. Cette idée la transporte de joie. Le couple a hâte de faire connaissance avec le bébé dont il a refusé de connaître le sexe. Ils veulent avoir « la surprise ». Pour l'instant le projet-menu festif se déroule comme prévu. On l'installe alors avec son mari dans une petite salle au bout d'un long couloir très fréquenté. On lui apporte une casaque qu'elle ne met pas et on la laisse au calme. Sauf, me dit-elle, qu'on les a « purement et simplement oubliés ».

Car la tranquillité qu'on lui concède n'est due qu'à un personnel débordé par l'afflux des femmes qui viennent, les unes derrière les autres, pour accoucher. Depuis ce matin, les internes et le médecin de garde n'ont pas quitté le bloc opératoire et en milieu d'après-midi, ils y sont toujours. Les anesthésistes posent des péridurales à tour de bras et les sages-femmes s'activent pour gérer comme elles le peuvent ce pic d'affluence.

« Finalement que mon projet d'accouchement ne réclame rien de médical était une aubaine pour eux ! Je les soulageais d'un travail supplémentaire… », dit-elle avec acidité. Mais reprend-elle, si elle a souligné dans « son projet » le mot « tranquille », cela n'a jamais signifié pour elle qu'on doive l'abandonner à son sort et la laisser complètement livrée à elle-même. Bref le contrat du « projet » connaît un premier coup de canif.

Parfois une sage-femme passe furtivement la tête à travers la porte :

« Tout va bien ?

– Oui tout va bien. »

Elle me dit qu'elle a alors le sentiment que toute la surveillance va aux femmes qui ont perfusions et péridurales et qu'on la laisse de côté. C'est long. Elle se sent punie et ne reçoit aucun soutien ou conseils à part ceux de son mari qui fait ce qu'il peut pour la soulager. Les contractions commencent à pincer plus durement. Elle voit défiler à la porte plusieurs têtes de sages-femmes au fur et à mesure des rotations du personnel car le travail d'accouchement est plus long que ne laissait supposer la rapidité du début. Et toujours personne pour s'occuper d'elle. De temps à autre une élève vient surveiller les bruits du cœur du bébé. Puis plus rien, elle se sent isolée. Pour calmer des douleurs qui commencent à lui faire très mal, son mari l'aide à prendre une douche tiède et lui masse le ventre. Sans succès. Elle déambule dans la petite pièce mais refuse le couloir car l'ambiance n'y est pas sereine. Son mari a apporté de quoi écouter de la musique sacrée dont ils raffolent tous les deux et dont le fœtus a intensivement profité durant la grossesse. Et c'est debout à l'acmé d'une contraction qu'un flot de liquide verdâtre échoue sur le sol avec le bruit d'une vaguelette qui frapperait la coque d'un bateau. La poche des eaux vient de se rompre. Effarée, elle s'allonge rapidement sur le lit tandis que le mari, électrisé, appuie frénétiquement sur la sonnette d'appel. Au bout de quelques minutes une aide-soignante arrive. Mais vu la couleur du liquide amniotique, elle repart sur-le-champ prévenir une sage-femme qui accourt pour l'examiner. La patiente est presque à dilatation complète mais le rythme cardiaque de l'enfant n'est pas très rassurant. Aussi on la transporte immédiatement en salle de travail où on la perfuse sans autre forme de procès. Deuxième accroc au contrat.

Son mari, inquiet, ne lâche pas la main de son épouse pendant qu'on lui cale les pieds dans les étriers de la table d'accouchement. Mais la dame qui n'a rien saisi de l'urgence de la situation réclame d'accoucher sur le côté. Elle s'accroche toujours au déroulé de son « projet de naissance ». La sage-femme rétorque sèchement : « C'est pas le moment. » Elle est vexée et dit avec une voix plaintive : « Mais j'ai écrit un projet, tout est marqué là, dans le dossier… ».

Pas de commentaire du cerbère et troisième accroc dans le parchemin.

Ces gens décidément ne tiennent pas parole ! Elle veut protester mais les douleurs sont maintenant violentes et les décélérations du cœur du bébé semblent crisper davantage encore la sage-femme, qui du coup ne donne pas franchement dans l'empathie : « Allez, il ne va pas sortir tout seul ce bébé ! » Car la maman, déçue comme dix, ne pousse pas comme il faut. C'est même encore pire quand on le lui fait remarquer car cela la décourage. La tête du bébé descend puis remonte comme aspirée par le haut. La descente ne progresse pas. Au bout de quelques minutes on appelle l'obstétricien car « le bébé fatigue ». On dit juste à la maman :

« On va vous aider un peu. » Arrive alors un « grand costaud » qui dit bonjour en souriant et réclame la boîte de forceps immédiatement après l'avoir examinée avec une poigne de hussard.

« Nooooon pas de forceps ! », s'essouffle la patiente car elle a aussi beaucoup lu sur le sujet. « Mais il le faut bien Madame, votre bébé voudrait bien naître ! », lui répond le rustre. Et le « sale type » vérifie devant elle l'articulation de son instrument, tel un tortionnaire intimidant sa victime en faisant entendre le craquement du sécateur à phalanges.

« Chériiii empêche-le », hurle-t-elle à son mari en se débattant. Peine perdue, on l'attache. « Elle est agitée », se contente d'observer la sage-femme.

Les coups de canif s'abattent maintenant par petits paquets de dix et ils transforment le contrat-projet-menu festif en une feuille de chou trouée de toutes parts par une cohorte de chenilles affamées. L'époux, décomposé comme un mort-vivant, s'efforce de rester digne et caresse la joue de sa femme car elle s'est mise à pleurer : « son projet de naissance » est en train de sombrer, coulé par le fond. Le mari sent confusément qu'il ne fait pas le poids face à la machine obstétricale qui s'emballe et, pas rassuré, se tient coi. La patiente a une bouffée de colère contre ce mari penaud qui laisse entenailler son propre enfant par un toubib interventionniste. Du reste elle le lui reproche encore…

Elle sait bien, elle, qu'il suffirait d'attendre un peu et que le bébé sortirait de lui-même. Elle sait aussi que les médecins ne respectent pas la nature car ils sont toujours trop contents d'en finir au plus vite. Bref tout le projet est passé à la chasse d'eau : forceps, épisiotomie, réanimation du bébé qui a inhalé la bouillie verte du liquide amniotique, rétention du placenta, délivrance artificielle, et suture de l'épisiotomie ! Aux cabinets le projet ! Le tout sans péridurale et par-dessus le marché, avec une anesthésie locale défaillante. Pour un « projet », ça c'est du « projet » !

Elle se réveille groggy car on a dû la « shooter un peu ». Une petite fille dort dans la couveuse à côté de son lit, une marque rouge sur sa tempe, celle du forceps. Peau à peau ? Peau de chagrin. Mais joie de la voir malgré tout. Grosse déception et dégoût de l'épisode raté de la fin du film.

Elle se persuade que si on lui avait laissé le temps, elle aurait pu accoucher de cette enfant naturellement. Elle me dit alors que sa perte de confiance en la médecine est définitive.

(Pourquoi donc vient-elle me voir ?)

Je lui dis alors qu'elle souffre surtout de ne pas avoir été accompagnée, encouragée et que l'urgence de devoir terminer l'accouchement n'a pas donné un temps de dialogue suffisant avec un personnel débordé ce jour-là. J'évoque alors les conditions de travail difficiles des hospitaliers, les sous-effectifs constants, les gardes de nuit harassantes, les 35 heures qui désorganisent les services de façon chronique, etc. Je lui explique que l'extraction rapide du fœtus était nécessaire pour la santé du bébé car celle-ci doit primer sur « le projet d'accouchement ». Mais rien n'y fait.

Elle a déjà prévenu son mari que pour une prochaine grossesse, elle ira accoucher dans une maison de naissance, avec de vraies sages-femmes qui, elles, aiment leur travail et respectent la nature. Elle est très remontée contre les sages-femmes de l'hôpital et songe sérieusement à militer dans une association qui défend l'accouchement naturel.

Car l'histoire change et en ce début de XXIe siècle, un certain nombre de femmes se disent fatiguées de devoir subir tant de médecine pour un acte si naturel. Certains groupements associatifs se méfiant de la médecine et des médecins se chargent de repasser le cerveau des bougresses. Le credo de ces associations est un hymne à la tradition. « Fonction principale d'une femme ? Mère ! », disent-elles en chœur. Comment devenir une mère ?

En accouchant dans le ressenti de la douleur. Les mauvaises mères « n'accouchent pas vraiment » puisque la médecine les aide à accoucher. De ce simple fait, « leur bébé est né sans elles ». Les sites de ces associations jurent qu'ils ne dépendent d'aucune tendance religieuse ou politique et réclament à grands cris des « maisons de naissance » loin de tout pouvoir médical.

Ah, les fameuses maisons de naissance ! Parlons-en un peu...

Par une belle matinée de juillet, j'ai visité une maison de naissance. Celle-ci est voisine d'une maternité publique qui compte 4 700 accouchements par an. D'emblée, il est expliqué qu'il ne faut pas confondre une maison de naissance avec les espaces physiologiques de naissance qui s'ouvrent dans les maternités publiques ou privées. Les premières sont indépendantes des médecins, les secondes ne le sont pas. Je suis accueillie par deux sages-femmes très sympathiques qui sont les responsables de ce lieu clair et serein. Elles se prénomment toutes les deux, Isabelle. Ce sont deux femmes ayant une belle prestance qui diffuse un je-ne-sais-quoi de certitude tranquille. Elles sont très investies dans leur projet et ne sont pas du tout dogmatiques. Je suis ébahie par leurs superbes locaux, leur enthousiasme est communicatif.

De fait, leurs trois chambres d'accouchement sont conçues comme de petits appartements afin que les couples se sentent chez eux. C'est très confortable, lumineux, de bon goût. Il y a un lit à deux places avec une jolie couette, une grande baignoire individuelle, blanche et profonde où on peut se faire masser avec des huiles essentielles, un cabinet de toilette et des W.-C. privatifs. On trouve aussi un gros ballon bleu en plastique pour positionner son bassin et assouplir son périnée. Ne manque que le système de poulie pour se hisser et accoucher plus à son aise. « Il doit être livré prochainement », me précisent Isabelle et Isabelle. Les chambres donnent sur une grande terrasse en bois exotique, avec ici et là une vue lointaine sur la cime des arbres. Conformément à ce qui est annoncé, la maison de naissance apparaît bel et bien comme un espace de liberté, convivial, respectant l'intimité du couple.

Il est vrai que cette abondance de confort et de calme monastique est parfaitement inexistante dans les paquebots surpeuplés que sont devenues la majorité des maternités publiques. Décidées à la fin des années 1990, les fermetures des petites maternités ont concentré les patientes dans des maternités plus importantes qui sont devenues monstrueuses. Avec plus de 4 500 accouchements par an, leurs boxes d'accouchement sont souvent spartiates, strictement utilitaires et peu propices à l'intimité des couples. Les deux Isabelle me confirment qu'elles refusent 150 demandes d'accouchement par an car les femmes qui ont la chance d'accoucher vite et sans douleur accourent ici pour se faire choyer dans ce bel écrin. Mais, est-ce vraiment l'accouchement dit naturel que les patientes viennent rechercher dans les maisons de naissance ? Ou plutôt est-ce les conditions d'écoute et d'attention exceptionnelles ? Voire le luxe de l'hôtellerie ?

La maison qui est entièrement financée par la Région Île-de-France mobilise deux sages-femmes pour 100 accouchements annuels soit une sage-femme pour 50 accouchements. Dans la maternité voisine, elles ne sont que six sages-femmes pour assurer 4 700 accouchements. Pour avoir la même proportionnalité que celle de la maison de naissance, il en faudrait près de 90 ! Cette incroyable disparité explique la qualité des services de la maison quand on les compare à celui de toute maternité publique.

Les deux sages-femmes m'indiquent que leur structure est autonome car elle ne dépend pas de l'établissement de santé dans lequel elle est pourtant située. Mais même en étant entièrement responsables, c'est dans une concertation et une confiance mutuelle qu'elles coopèrent avec le chef de service de la maternité voisine. Il existe en effet des critères très stricts de sélection pour pouvoir accoucher dans ce lieu car seules sont acceptées les mamans sans antécédent grave, en bonne santé et qui ont déjà fait la preuve d'un accouchement normal. La maison reçoit les mamans qui accouchent normalement, vite et sans soucis.

Une affichette insiste sur « l'accompagnement global de la naissance qui associe une femme et une sage-femme de référence pendant le déroulement de la grossesse, l'accouchement et l'après-naissance ». Cet accompagnement global annonce qu'il se base « sur les multiples facettes de l'événement que représente la naissance et qu'il n'est pas centré sur la surveillance médicale exclusive ». Il est question « d'intervenants » ou de « professionnels » qui nécessitent une coordination complexe. Ce langage sociologique ne dit concrètement rien sur ces « professionnels », ni de ce qu'ils font, ni du pourquoi et du comment ils s'invitent dans la santé des femmes.

Il existe une « petite » ombre restrictive dans le fonctionnement de cette belle structure : quand une maman vient y accoucher, elle doit renoncer définitivement à une éventuelle péridurale.

Et même si, en raison de l'effroyable intensité de ses douleurs, elle la réclame, il faudra qu'elle s'en passe coûte que coûte. C'est là une différence majeure avec les espaces physiologiques des autres maternités : une femme, submergée par la douleur, peut obtenir une péridurale dès qu'elle la demande, pour peu que les anesthésistes soient disponibles. Isabelle me dit que, jusqu'à présent, aucune femme venue accoucher dans la maison n'a réclamé de péridurale. Mais l'autre Isabelle est moins affirmative et souligne qu'il arrive que certaines patientes la réclament, elle les encourage alors à persévérer dans l'effort. Encouragements, massages et positions antalgiques font le reste car… « les patientes sont accompagnées en permanence ». Isabelle me précise que beaucoup de mamans les remercient d'avoir été fortes pour elles, de ne pas avoir cédé à leur demande de soulagement médical. Du reste, Isabelle fait remarquer que si elles accédaient aux demandes de péridurale, la maison de naissance ne servirait à rien. Évidemment…

On remarquera que la demande maternelle est une indication médicale suffisante pour le soulagement de la douleur pendant le travail (en l'absence de contre-indication médicale). L'*American College of Obstetricians and Gynecologists*[1] le déclare d'ailleurs sans ambages : « Il n'existe aucune autre situation clinique où l'on considère acceptable qu'un individu souffre une douleur sévère sans traitement, alors qu'il est soigné par un médecin et que des moyens analgésiques sûrs existent pour cette douleur. » Dans notre cas, les médecins ne sont pas loin de la maison de naissance, ils sont même dans la maternité publique qui est juste à l'étage du dessous. Pourquoi alors ne pas emprunter l'ascenseur ? Par jusqu'au-boutisme militant ? Mes deux interlocutrices me confient qu'elles ont parfois mal pour la parturiente mais que celle-ci, volontariste de l'extrême, veut absolument tout supporter : « J'y arriverai ! », leur dit-elle. De vraies championnes olympiques à qui nous ne disputerons ni la médaille, ni la crise hémorroïdaire.

Car dans la maison de naissance, aucun autre équipement médical n'est utilisé que celui des sages-femmes. Des gants en latex ? Une sonde pour les bruits du cœur ? Pas grand-chose. Mais moins il y a d'instruments, plus l'art est remarquable pourvu qu'on accepte… d'en baver.

1. « Pain relief during labor », *ACOG committee opinion no*, 295, Washington, D.C., American College of Obstetricians and Gynecologists, juillet 2004.

On peut facilement comprendre pourquoi l'anesthésie est proscrite dans la maison de naissance. Si celle-ci était autorisée, toutes les femmes s'y précipiteraient pour les extraordinaires agréments hôteliers et adieu à l'accouchement naturel ! Les accouchements sans péridurale ne finiraient donc par concerner que les femmes qui accouchent vite et bien, les bobos adeptes de tendances marginales et les personnes religieuses qui préfèrent s'en remettre à Dieu. Au final, pas grand monde ! Toutes les autres auraient vite fait de renoncer à la nature pour un joli décor, un accompagnement chaleureux de tous les instants et une bonne analgésie médicale si besoin. Gros chagrin dans les statistiques. Les lobbies qui vivent de leurs lubies n'auraient plus qu'à plier pancarte et rendre l'argent de leurs subventions.

Aujourd'hui, seulement 15 % des femmes désirent accoucher « autrement », les autres se disent satisfaites de l'accouchement médical (en dépit de conditions d'hospitalisation de moins en moins satisfaisantes elles !) La demande d'accoucher « différemment » est surtout née de la deshumanisation progressive des maternités et le mouvement s'est accéléré avec la création de maternités gigantesques, véritables accouchoirs publics où le personnel en sous-effectif est débordé et pressurisé.

Mais dans cette ruche surpeuplée, comment satisfaire les patientes ? Quelle attention, écoute, adaptabilité aux demandes ou intimité ? Quel confort lorsqu'on songe aux locaux souvent désuets dans lesquels patientes et personnels évoluent ?

La maison de naissance que je visite n'a pas ce genre de problèmes et elle constitue une vitrine très attractive de « l'art des accouchements ».

7

RETOUR AUX CHAMPS

Elle me dit qu'elle est fatiguée et qu'elle ne veut plus jamais revivre cela. Elle ? C'est une jeune maman de 34 ans qui présente des saignements continus deux mois après son accouchement.

Les choses ont mal débuté pour elle. Lorsqu'elle se présente un mardi, à la maternité, pour ses premières contractions, on la surveille pendant une petite heure et on lui dit de rentrer chez elle car elle fait « un faux travail ». La patiente propose bien de rester dans les parages, voire de déambuler dans le couloir, mais la sage-femme est formelle : « Non ! Rentrez chez vous car cela peut durer deux jours. » Percluse de douleurs abdominales, la maman passe une nuit atroce et, au matin, son mari la reconduit rapidement à la maternité. Et il est grand temps car quand elle arrive, elle est presque à dilatation complète et rompt la poche des eaux. On se dépêche alors de la conduire en salle d'accouchement. La sage-femme appelle l'anesthésiste qui arrive pour poser la péridurale. La patiente lui dit : « C'est trop tard, j'ai envie de pousser, je sens qu'il arrive ! » La sage-femme rétorque qu'elle a encore du temps et la péridurale est posée tant bien que mal pendant les contractions utérines. Mais, une fois posée, les contractions faiblissent et le travail s'arrête. Ce n'est que deux heures plus tard qu'elle finit par accoucher avec une épisiotomie d'un beau garçon bien portant.

La patiente n'ayant pas dormi de la nuit ni le lendemain, c'est dans un état de lassitude extrême qu'elle est enfin raccompagnée dans une chambre qu'elle doit partager avec une autre accouchée. Elle peut enfin se reposer. Son mari est là qui veille sur elle et le bébé.

Durant la première nuit, les puéricultrices prennent le bébé et s'en occupent mais dès la deuxième nuit, terminé le cocooning ! Les puéricultrices n'étant plus assez nombreuses, on confie le bébé à sa maman. La nuit est rude ainsi que la suivante car l'enfant pleure beaucoup. En fait il dort essentiellement le jour et la maman telle une somnambule navigue entre couches et biberons comme elle le peut. On lui dit que sa sortie est prévue pour le samedi matin, le père s'organise pour pouvoir récupérer femme et enfant à l'heure dite. Hélas, dès le vendredi, on lui annonce qu'elle devra sortir le jour même et libérer la chambre avant 15 heures. Le lit qu'elle occupe est déjà attendu par une autre accouchée en train de patienter au bloc d'accouchement. Panique et contrariété de la maman car son mari ne peut venir les chercher qu'à 18 heures.

C'est donc dans la salle d'attente publique de la maternité que la dame patiente avec le bébé âgé de 3 jours. La pièce est bondée et surchauffée par la chaleur fauve de toute une humanité. Femmes enceintes jusqu'au cou, enfants morveux qui toussent, crient ou déchirent consciencieusement de vieux magazines qui traînent sur la table écaillée, pères qui mastiquent leur sandwich en laissant des miettes partout.

La patiente craint pour son nouveau-né. Ne risque-t-il pas d'attraper une « cochonnerie » dans cette salle à l'atmosphère confinée ? Elle est aussi très mal à son aise car son épisiotomie rend pénible la station assise et prolongée. La chaise bien que spartiate risque fort de se trouver occupée au cas où elle voudrait se dégourdir les jambes. Comme elle ne dispose plus de toilettes privées, elle doit finalement se rendre dans les toilettes publiques du grand hall de l'hôpital afin de se changer car elle perd encore du sang. Elle confie le bébé à la puéricultrice pour quelques minutes puis le récupère et... c'est à nouveau l'attente. Trois heures d'attente pénibles sans aucune possibilité de s'installer confortablement ou de s'assoupir un peu. Le jour tombe et la salle d'attente se vide petit à petit. Son mari ne devrait plus tarder. Elle a pu donner un biberon au bébé mais comment faire avec le biberon du soir ? Elle demande aux sages-femmes deux biberons de lait supplémentaires qui refusent de les lui donner : le lait manque en ce moment, les réserves sont au plus juste. On lui indique qu'elle peut s'en procurer à l'hypermarché du coin qui ferme tard le soir. La patiente est dépitée. Voilà qu'au lieu de rentrer directement chez elle après cette attente pénible elle devra faire des courses. Avec l'enfant dans le couffin par-dessus le marché !

Après toutes ces péripéties, la patiente me dit qu'ils ont pu enfin rejoindre leur domicile avec les précieuses boîtes de lait et ce n'est que 3 jours plus tard qu'elle a reçu la visite de la sage-femme. La seule visite de ses suites de couches. Voilà à peu près ce qu'elle me raconte. Je mesure combien les économies de santé se sont acharnées sur la qualité de la sienne : travail d'accouchement sans surveillance, aucune gestion de la douleur, péridurale mal indiquée, travail retardé, une seule nuit de sommeil par manque de puéricultrice, départ précipité, éviction de la chambre, attente interminable dans une salle bondée, toilette faite dans des W.-C. publics, pas de biberons, course nocturne pour aller chercher des boites de lait, une seule visite dans le post-partum, déprime et maintenant des saignements ! Bref la fable du « soigner moins pour soigner mieux » a encore fait une victime.

La Sécurité sociale, bailleur de notre santé, a signé exclusivement et directement un avenant avec les sages-femmes pour organiser un retour précoce à domicile des nouvelles accouchées : le dispositif PRADO [1]. Sans doute s'agit-il de faire écho à l'exemple anglais qui renvoie dans ses foyers les Anglaises le jour même de leur accouchement [2]. Pour encadrer le dispositif, la sécurité sociale a créé de toutes pièces des postes administratifs afin qu'un fonctionnaire aille vanter au lit des accouchées l'immense intérêt de retourner rapidement au turbin domestique. Ce faisant, ces fonctionnaires zélés mettent en contact les candidates à l'éviction avec une sage-femme libérale. Notons que si la

1. http://www.has-sante.fr/portail/jcms/c_240504/sortie-precoce-apres-accouchement-conditions-pour-proposer-un-retour-precoce-a-domicile
2. http:// www.drfosterhealth.co.uk/

France n'a plus assez d'argent pour s'offrir du personnel médical, il en reste toujours assez pour s'offrir des administratifs de la santé.

L'argument officiel est celui d'améliorer le confort des jeunes mamans en permettant à celles qui le peuvent de rentrer chez elles, avec leur petit couffin garni et au plus tôt. Évidemment, les vrais arguments sont rarement évoqués car ils feraient tache : « L'enjeu de la diminution de séjour est central, car la durée de séjour constitue une source importante de variation de coût et la dépense associée aux séjours obstétriques est élevée (2,9 milliards d'euros en 2010)[3]. » Il y a là encore une jolie source d'économie à faire sur le dos des mamans. Hypocritement, il est argumenté que raccourcir la durée du séjour permet de désengorger les maternités sur-occupées. Rien n'est moins vrai : un lit vidé est aussitôt attribué à une nouvelle occupante ce qui revient à augmenter la rentabilité des établissements. Un peu comme si un restaurateur multipliait son chiffre d'affaires en organisant plusieurs services en soirée à la condition de virer les clients toutes les heures. Et même si une maternité avait l'objectif démentiel de « faire » 5 000 accouchements par an, cela nécessiterait

3. « Le rôle des sages-femmes dans le système de soins », Cour des comptes, septembre 2011, p. 196.

quand même une augmentation adéquate de personnel médical. Pourtant, les moyens supplémentaires qui répondent à ce grand objectif n'existent pas car il s'agit d'augmenter les rendements tout en diminuant les coûts de production. Les soins après l'accouchement, le « cocooning », le « *care* », le confort physique et psychique ne sont plus l'objectif principal. Quant à la santé des nouveau-nés, nous verrons ce que cela donne.

Les médecins doivent s'incliner devant les administrateurs de la santé car leur belle indépendance passée a été taillée en pièces avec méthode. On estime que 40 % des femmes ayant accouché par les voies naturelles et 30 % des femmes ayant eu une césarienne peuvent rentrer plus tôt chez elles. Or, les mamans qui sortent précocement sont souvent celles qui ont les conditions de vie les plus favorables : famille présente, mari attentionné, aides pour le travail domestique. Elles savent qu'elles pourront récupérer de leur accouchement tout en portant une attention particulière à leur bébé. Mais il existe aussi la grande masse des femmes rompues de soucis : celles exténuées par une famille déjà nombreuse, celles qui sont en mauvaise santé, celles dont le bébé ne va pas bien, celles dont le mari est absent, en déplacement ou a pris la poudre d'escampette, celles qui n'ont pas de famille, celles dont le mari commerçant ou exerçant une profession libérale ne peut disposer de congé de paternité, celles qui n'ont ni revenu ni domicile fixes, celles qui ont fait l'enfant toute seule, etc.

Il y aurait bien le facultatif congé de paternité pour venir les soulager… Mais une étude récente vient de démontrer que la présence du père n'a aucune influence sur la dépression du post-partum des mamans et que seul le manque d'engagement du père dans les soins apportés au bébé est un facteur prédictif de l'intensité de la dépression maternelle[4]. Pour enfoncer le clou, le fait que le père prenne ou non un congé de paternité n'est pas fortement corrélé avec l'engagement paternel. Un père qui travaille peut être très engagé dans les soins au bébé et un père en congé peut très bien ne pas l'être en s'occupant à autre chose que de jouer avec l'enfant, le nourrir et le changer. De plus faute de n'avoir pas été vraiment analysées, les motivations des 63 % de pères qui prennent un congé de paternité ne sont pas bien connues[5].

Surtout, si on incite les mamans à rentrer plus tôt chez elle, les pères vont-ils soudainement se

---

4. N. Séjourné, M. Beaumé, V. Vaslot, H. Chabrol, « Effets du congé de paternité sur la dépression du post partum maternel », *Gynécologie Obstétrique et Fertilité*, 40 (2012) 360-364).

5. *Idem.*

mettre aux soins du bébé, au ménage et aux courses alors que les statistiques montrent qu'en temps normal, la majorité des hommes de France ne s'y montre guère assidue ? Pendant leurs 11 jours de congé, les hommes vont-ils faire davantage et mieux ce qu'ils font assez peu et mal le reste de l'année ? Soit selon les chiffres de l'Observatoire de la parité, en moyenne 22 minutes par jour pour les soins des enfants (le triple chez les femmes) et 116 minutes par jour pour les travaux domestiques (plus du double chez les femmes). Vont-ils subitement devenir des « Monsieur Propre » et s'occuper des enfants ? Permettez-moi d'en douter... La majorité des Français ne sont pas comme les Suédois qui s'attaquent aux tâches domestiques avec la même ardeur que leur compagne et ce, sans que le maniement de l'aspirateur ne vienne pour autant balayer leur virilité. Et puis, n'oublions pas que 37 % des pères ne prennent pas de congé de paternité du tout[6]. Ce n'est guère surprenant. En période de crise et pour ne pas grimper dans la charrette des licenciés, quel cadre d'entreprise oserait le prendre ? Quel représentant de profession libérale se permettra de ne

6. Voir toutes les statistiques sur http://www.observatoire-parité.gouv.fr

pas travailler et de ne pas gagner sa vie pendant 11 jours ? Un commerçant peut-il fermer boutique et laisser courir ses frais de fonctionnement ?

Un professeur de médecine à qui je me plaignais de ce retour parfois trop précoce m'a répondu : « Mais c'est complètement "has been" ! Rester à la maternité ? Ce sont les femmes qui demandent à partir plus tôt ! » Que certaines veulent rentrer à la maison au plus tôt ? Je pense bien ! Certaines maternités aussi gigantesques que désuètes proposent une douche pour trente personnes, des W.-C. communs, des chambres à deux. Où sont les conditions d'hygiène quand on partage une douche à plusieurs alors qu'on a encore des pertes de sang ? Où sont les bataillons de dames de ménage qui nettoient les sanitaires après chaque utilisation ? Où est la dignité quand on ne peut faire autrement que d'apparaître à de parfaits étrangers, cheveux et pyjama défaits, sein découvert pour la tétée ? Où est la confidentialité ? Où est le respect de l'intimité des conversations partagées avec son mari, son compagnon ou ses proches ? Où est le repos quand on est dérangé par les bruits de chariots, les conversations dans des couloirs sonores ou les visites incessantes de la voisine de chambre ? Comment recouvrer des forces quand on se débat avec l'assiette du plateau-repas et son éternelle bidoche trempant dans une purée aqueuse ? Peut-on vraiment se retaper avec un pauvre « Flamby vanille » et une portion de « Vache qui rit » ?

Ajoutons que par manque de puéricultrices, on remet trop rapidement le bébé au chevet de sa maman, même si celui-ci confond les jours et les nuits. Pas étonnant que certaines réclament à tout prix le chemin de la sortie, même si elles doivent se cramponner le ventre en raison de la césarienne ou claudiquer comme de vieilles Bigoudènes à cause de l'épisiotomie. Et comment s'étonner aussi des 15 % de dépressions nerveuses qui sévissent chez les accouchées et dont beaucoup ne sont pas diagnostiquées faute de manque de temps, de soins et d'attention. Ces dépressions nerveuses ont pourtant des conséquences graves non seulement sur la mère, mais aussi sur la relation mère-bébé et par conséquent sur le développement psychoaffectif de l'enfant[7].

Et puis, il y a l'allaitement maternel dont on nous rebat les oreilles. Depuis que l'OMS l'a recommandé pendant au moins six mois, l'espace public regorge d'affiches intéressées vantant ses mérites. Mis à part les quelques effrontées qui osent résister en

7. Henderson J.J. *et al.*, « Impact Of Postnatal Depression on breastfeeding duration Birth », 2003 ; 30(3) : 75-80.

revendiquant l'intérêt du biberon, de la liberté et du sommeil, celles qui veulent donner le sein ou s'y sentent obligées sont complètement livrées à elles-mêmes. Sous la répétition de slogans bien intégrés par les femmes de la famille et les maris, les mamans se sentent plus ou moins obligées de donner le sein. Elles ont à cœur d'être une « bonne mère » et d'être regardées comme telle. On leur a décrit une expérience idyllique qui motive déjà près de 85 % d'entre elles. En revanche, on oublie d'expliquer combien l'allaitement au sein peut-être compliqué, voire douloureux. Parfois, 5 jours sont nécessaires pour que celui-ci se mette en place. Or la montée de lait survenant au troisième jour de l'accouchement, c'est donc au plus mauvais moment que les femmes sortent de la maternité. Une fois chez elles, qui peut aider les mères qui veulent donner le sein ? Les femmes de la famille soit habitent à distance du domicile de l'accouchée, soit ne peuvent transmettre un savoir-faire qu'elles n'ont peut-être jamais eu : l'Occident n'est pas l'Orient ou l'Afrique. Et une simple visite de sage-femme est insuffisante car l'allaitement au sein nécessite de la patience en plus de l'expérience. Complètement livrées à elles-mêmes, c'est avec un sentiment de culpabilité ou d'échec que la moitié des femmes renoncent. Il y a donc une contradiction notable entre un souhait affiché de santé publique : allaiter au sein et la carence de soins dont les mamans font l'objet par souci d'économie.

La pression économique essaye d'introduire progressivement de nouvelles normes pour écourter les repos post-accouchement des Françaises. Une femme fatiguée ne pourra pas s'incruster dans un lit de maternité si la règle générale est de sortir au deuxième ou troisième jour de l'accouchement (et pourquoi pas le jour même dans un proche avenir ?). Au besoin, on envoie à son chevet l'administratif chargé de lui mettre en place l'idée lumineuse de décarrer au plus vite. Une tâche particulièrement facile en raison de la fragilité psychique des accouchées. Le grand argument (politique) est de dire que la durée des séjours après accouchements diminue dans tous les pays d'Europe où la moyenne est de 3,2 jours. La France et la Belgique sont encore à 4,4 jours et la Suisse à 5,3. Mais le Royaume-Uni, lui, est à 1,4 jour ! Mais les citoyens des pays qui réexpédient illico presto les femmes dans leur foyer payent-ils autant que les Français pour leurs prestations d'assurance santé ? Les femmes de ces pays travaillent-elles autant que nous ? Font-elles plus d'enfants que nous ? Trois fois non ! Trois détails évidemment passés sous silence...

Si la bonne santé a un coût, la négligence de certains de ses principes en a un, lui aussi. L'Académie de médecine, dans une lettre du 30 novembre 2011, a lancé un message d'alarme concernant la santé des nouveau-nés sortis trop tôt de la maternité[8]. De même, plusieurs publications au Royaume-Uni ou au Danemark font état de la réapparition d'atteintes cérébrales (encéphalopathie) chez des nouveau-nés rentrés trop tôt chez eux et donc moins bien surveillés. L'encéphalopathie incriminée est due à un excès de pigment biliaire hépatique (bilirubine) dans le sang du bébé. Cet excès est responsable de la survenue d'une jaunisse (ictère) qui peut se déclarer au deuxième jusqu'au cinquième jour de l'accouchement. Si le taux de bilirubine dépasse un certain seuil, il crée de sévères lésions cérébrales qui sont la source de décès ou de séquelles neurologues, sensorielles (surdité) et mentales.

C'est avec inquiétude que les services de néonatalogie français constatent la résurgence de cette affection mortelle ou gravement invalidante. L'Académie de médecine qui a donné l'alarme à

8. « Résurgence de l'ictère nucléaire ou encéphalopathie de la bilirubine », *Bulletin de l'Académie nationale de médecine*, 2010 ; 184(8) : 1623-1624).

plusieurs reprises met en cause « la pression administrative pour une sortie de maternité de plus en plus précoce, parfois sans avis pédiatrique et sans information adéquate des parents » ainsi que « le non-respect des recommandations de la Haute Autorité de Santé (H.A.S.) sur la surveillance des nouveau-nés à leur sortie de maternité, l'absence ou l'erreur d'utilisation des bilirubinomètres cutanés[9] ».

Dépressions nerveuses, échec de l'allaitement au sein, lésions cérébrales sévères... voici donc les performances obtenues par les nouvelles décisions de santé. Quand on envoie au chevet des accouchées, des administratifs chargés de faire des économies plutôt que des soignants, ce sont les femmes et les enfants qui trinquent.

---

9. Paul Vert, « Résurgence de l'ictère nucléaire ou encéphalopathie de la bilirubine », 23 novembre 2010.

8

LES BOBOS-ÉCOLOS – PARTIE 1 : *HOME SWEET HOME*

« Dans quel hôpital ou clinique allez-vous accoucher ? » : je suis en train de remplir le dossier médical d'une maman enceinte de 7 mois et qui vient au cabinet pour la première fois. La maman me répond tout de go : « Chez moi. » Je laisse échapper un petit rire car je pense qu'elle est en train de plaisanter, elle est sans doute d'un naturel moqueur. C'est une grande femme blonde au teint clair dont l'allure évoque un mélange curieux de douceur et de rigueur. Elle a quatre enfants en bas âge mais elle ne ressemble pas aux mères surmenées de famille nombreuse. Ses gestes sont posés.

« Pourquoi riez-vous ? », me dit-elle avec un peu d'étonnement et une pointe de susceptibilité. Je comprends qu'elle n'est pas du genre taquin et je reprends vite mon sérieux : « Parce que vous voulez réellement accoucher chez vous ?

– Mais parfaitement ! Qu'y a-t-il de mieux que d'accoucher chez soi et parmi les siens ? »

Je laisse échapper malgré moi un « Ah oui bien sûr, je vois… ». Je viens de penser tout haut.

« Mais vous voyez quoi ? ! », me demande-t-elle faussement enjouée.

Mieux vaut éluder la question… J'enchaîne en lui disant que si elle désire un accouchement naturel, certains hôpitaux ou cliniques ont des espaces réservés à cela, en plus il y a une superbe maison de naissance tout près d'ici. Au moins ne prendra-t-elle aucun risque pour elle et son enfant. J'en profite également pour lui glisser que la loi interdit aux personnes qui n'ont pas d'assurance professionnelle de pratiquer des accouchements à domicile.

La réplique fuse. La loi ne l'empêchera pas d'accoucher dans son lit, dans sa chambre et dans sa maison avec l'aide de son choix. C'est une liberté élémentaire et l'accouchement relève de sa vie privée.

Évidemment, vu comme ça… Mais si les choses venaient à mal tourner ? Sans vouloir jouer les rabat-joie, c'est son cinquième enfant, la dynamique utérine peut être moins performante que pour ses précédents accouchements. De plus son utérus est plus souple, de ce fait l'enfant, libre de ses mouvements, peut mal se positionner pour la sortie. Il faut donc qu'elle pense à bien accueillir son enfant. Elle me dit alors que ses accouchements précédents se sont très bien passés et que ce sera la même chose pour son cinquième accouchement.

Circulez y a rien à voir…

J'admire son assurance et ses certitudes car à sa place, je serais morte de trouille mais bon… Je lui demande alors : « Qui va venir vous accoucher à domicile ? »

Elle me dit avoir pris contact avec une sage-femme qui a accepté de l'aider et qui a déjà accouché une de ses amies dans les mêmes conditions. Il semble que le recrutement se fasse par le bouche à oreille.

Donc, c'est une sage-femme qui viendra. Encore heureux ! Je craignais fort que ce soit une doula ou une parente un peu allumée, versée dans la radiesthésie, l'énergie ou les ondes. Allez savoir…

« Mais votre sage-femme a-t-elle au moins une assurance pour cela ?

– C'est un contrat moral entre nous deux, il n'y a rien d'écrit mais elle sait qu'elle peut se fier à moi et que je n'irai jamais lui chercher des ennuis... Vous savez... c'est un lien de confiance réciproque. »

Elle me sourit, une petite lueur d'ironie dans l'œil qui semble vouloir dire : « Tu ne m'auras pas comme ça ma grande. »

Je vois que mes arguments ne l'atteignent pas le moins du monde. Aussi je décide de la laisser à sa fixette en espérant pour elle que tout se passera au mieux.

À la fin de son échographie, nous parlons de ses enfants et elle me confie son souhait d'allaiter le plus longtemps possible le bébé à venir.

« Et jusqu'à quand désirez-vous allaiter ? » Sa réponse m'intéresse.

« Eh bien comme pour mes autres enfants, jusqu'à 3 ans. »

J'ai bien fait de demander...

Le professeur Roger Henrion ne manque jamais de rappeler « ce que tout obstétricien ayant exercé dans les années 1950 savait d'expérience : l'accouchement à domicile comporte un risque incompressible pour la mère et l'enfant et peut se terminer dramatiquement. En effet, la mortalité des enfants, bien que rare, est multipliée par trois à domicile si l'enfant n'est pas malformé [1] ». De plus naître dans des conditions longues et difficiles est susceptible de créer un handicap moteur irréversible, voire d'entraîner un décès du nouveau-né par détresse respiratoire. Ces conditions détestables qui autrefois fusillaient le cerveau d'un enfant ou le transformaient en pantin désarticulé sont maintenant niées selon l'argument princeps que « l'accouchement n'est pas une maladie ». Soulignons que la mort n'est pas non plus une maladie, c'est juste un phénomène naturel et universel qui mène une vie à son terme, faut-il donc la laisser faire ? Les revendications d'accouchement à domicile marginales évoluent encore dans un petit cercle écologique car 2 % des femmes disent vouloir accoucher chez elles [2].

Dans cette mouvance, une série de thèmes écologiques et spirituels émerge autour de la naissance. Et dans le souk de ce nioulouque, les marchands du temple ne perdent pas le nord. Le dieu de la Nature fait bon ménage avec les petits et les grands commerces. À cet égard, les maisons de naissance sont des supports publicitaires de choix.

---

1. Roger Henrion, « Faut-il revenir à l'accouchement à domicile ? », http:www//sante.lefigaro.fr

2. « Le rôle des sages-femmes dans le système de soins », Cour des comptes, septembre 2011.

Les slogans, affiches et dépliants qu'on y trouve démontrent bien l'importance de ce nouveau marché. Un dépliant vend : « Être bien naturellement, santé, bien-être et gourmandises bio. » Une affiche incite à acheter des « couches lavables modernes » en pur coton, « simple, efficace, naturelle ». Et « Nettoyer les couches des bébés, c'est sauver la planète ! » Veut-on faire croire que les couches de bébés sont plus néfastes pour les nappes phréatiques que les engrais utilisés pour l'élevage porcin ? Qu'elles détruisent la banquise plus certainement que les déjections d'hydrocarbures pétroliers ? Il est dit que les couches-culottes jetables pour un seul enfant coûteraient trois arbres à la planète. Fichtre ! Marronniers ? Sapins ? Platanes ? De quel boniment n'est-on pas capable pour coller une femme à sa lessive… Car sans doute faut-il aussi nettoyer les couches à la main pour éviter de gaspiller l'électricité d'une machine à laver ? Et probablement ne faut-il pas non plus utiliser de lessive chimique ? Et que dire du séchage électrique qu'il faut absolument éviter ? Les paysages de petites couches-culottes séchant au vent d'une énergie durable sont-ils pour bientôt ?

Des publicités exhortent à l'allaitement maternel avec le matériel adéquat proposé à la vente, du tire-lait au lit qui s'agrafe au lit parental :

« Co-dodo une idée aussi géniale que simple. » Une prime à l'imbécillité joyeuse revient au poster représentant une poitrine de femme. Le dessin est fléché et commenté de légendes qui se veulent amusantes et bon enfant. L'affichage annonce : « Prêt en un instant ! Moins de travail ! » (Oui, un réveil toutes les trois heures pour donner la tétée !) Le publiciste décidément en verve a décliné les avantages de l'allaitement maternel : « produit écologique : jolis contenants, réutilisables et recyclables ». Le « joli contenant » un peu égrillard est sans doute un point de vue masculin. « Calme-bébé » avec « plusieurs options musicales : battements de cœur, berceuses, murmures, mots doux », comme l'énumération des options à la vente d'une voiture. « Facile d'entretien... aucun gaspillage » et encore « se lave facilement », « remplissage à volonté... adapté au besoin du consommateur », « incassable... aucune pièce détachable... résiste aux intempéries... ne rouille pas », etc. De cette réification humoristique et « beauf » de la femme, la pointe d'une sémantique masculine est perceptible. Les commentaires sont écrits sur un ton bénin et badin mais le message subliminal est assez clair : la femme est une chose qui doit servir l'écologie et l'économie. Il serait vraiment ballot de ne pas en profiter car le

« buffet » au propre comme au figuré est gratuit. Certes, on peut passer son chemin et hausser les épaules en pensant que c'est de l'humour ringard mais sans le savoir et le vouloir, on s'imprègne culturellement de ce qui est implicitement signifié. Les pères peuvent dormir tranquilles : « Ma femme allaite, c'est beaucoup mieux pour le petit. » Tout est tellement plus simple, facile et économique quand ce sont les mères qui pratiquent l'écologie responsable ! Elles sont sur Terre pour ça, elles sont même faites pour ça et on le leur répète sur tous les tons. Que n'ont-elles fini de le croire !

Ont-elles besoin de traduire Aristote dans le texte ? Ont-elles besoin de sortir de leur maison pour glaner de la science, des diplômes et du boulot ? Ont-elles besoin d'imaginer, de créer, de vivre leur vie puisqu'il leur suffit de sortir un sein lourd, parcouru de veines bleues pour avoir leur utilité. Productrices de lait, un métier de femme, respectueux de l'écologie et de l'économie.

Puis il y a les « ateliers de portage » (!), les « séances photo en studio », les cours de massage pour bébés, parents, enfants et toute une série de produits dérivés. Un dépliant clame que le bébé est un mélange de force et de faiblesse et que l'ostéopathie traite les faiblesses pour le renforcer. Baratin maraboutant. Une affiche vante « l'accompagnement holistique » soit un accompagnement médical global et montre une belle femme dénudée se faisant masser. Du masseur on ne sait rien et surtout pas où et comment il s'est formé à « l'holistique », mot plus savant que « globalité ». Le concepteur de l'affiche serait bien en peine de définir proprement les mots qu'il utilise vu que les philosophes de l'humanité n'y sont toujours pas parvenus. Qu'importe ! Il est question de : « présence au présent », « corps », « âme », « esprit », « cœur », « massage prénatal », « émergence de l'être ». Marketing d'une spiritualité bidonnée s'échinant à fabriquer du sens.

Car trouver du sens est ce qui est fiévreusement recherché. Les faux dévots de ces nouvelles modes sont à la manœuvre. Ils fourguent leur brouet bio, écolo, mystique ou religieux pour tous les assoiffés de quête spirituelle. Ils s'adaptent à tout, grattent les croûtes, s'infiltrent dans les orifices, sucent la moelle rance des vieilles religions, empruntent leur encens pour mieux les recycler et les monnayer. Et puis faire du neuf avec du vieux, n'est-ce pas ce qu'on fait en temps de crise ? Le développement durable, ils connaissent. Ces hypocrites ne sont pas regardants, ils changent de religion comme de chemise mais demeurent fidèles à eux-mêmes en investissant sur un marché lucratif et porteur de faux savoirs. Frédérique Zahnd ne se trompe pas quand elle déclare que si « la soupe spirituelle, dans ses formes monnayables, est le serviteur zélé de la phase terminale du capitalisme, elle en est aussi le symptôme [3] ! » Capitalisme ou pas, il est clair que la nouvelle appétence écologique génère une pollution corrosive sur le quotidien des femmes en particulier et la condition féminine en général !

3. Frédérique Zahnd, « Ma suisse bouddhiste. Spirituel, sexe, libéralisme… et littérature », *Esprit*, juillet 2012.

9

LES BOBOS-ÉCOLOS – PARTIE 2 : LE PASSAGE INITIATIQUE

C'est un jeune couple bien assorti et ils sont aussi beaux l'un que l'autre. Ils attendent leur deuxième bébé et viennent faire l'échographie du troisième trimestre. Radieux, ils font plaisir à voir, et la consultation se prolonge par une conversation enjouée. Naturellement je lui demande comment elle a choisi d'accoucher.

« Sans péridurale ! me dit-elle en pouffant de rire.

– Vous avez eu un mauvais souvenir de votre précédent accouchement ?

– Pas du tout, me répond-elle… Mais j'ai beaucoup discuté sur les forums Internet et j'ai fait connaissance avec des femmes qui ont accouché naturellement, sans péridurale. Ce qu'elles m'ont décrit semble être une expérience magnifique. Du coup, moi aussi j'ai envie d'essayer l'accouchement naturel.

– Mais vous réclamerez une péridurale si vous ne supportez plus les douleurs ?

– Ah non je ne crois pas... »

Je suis un peu étonnée. Je lui demande de m'expliquer ce qui, mis à part la curiosité, l'incite à vouloir tellement connaître les douleurs de l'accouchement. Elle sourit et me dit :

« C'est que je veux voir si j'en suis capable...

– Allons bon ! Mais qu'est-ce que cela peut bien faire d'avoir cette capacité-là ? Accoucher n'est pas une compétition et il n'y a pas de médaille d'endurance à gagner. »

Et je la taquine un peu en lui disant que certains font bien des concours de longueur de pénis pour évaluer leur virilité supposée. Un peu piquée au vif, elle m'explique alors qu'elle pourra bénéficier de bains chauds et de massages pour atténuer le stress et les douleurs. De plus elle pourra choisir sa position d'accouchement. Elle sentira alors ce qu'elle doit faire avec son corps pour laisser un passage pour son bébé, une mère doit avoir cette capacité-là et doit « travailler avec son bébé ».

Je bats en retraite car je m'en voudrais de casser l'ambiance de cette imagerie idyllique : « Après tout pourquoi pas si cela vous convient et si tout se passe bien. »

Encouragée, elle reprend : « Vous comprenez il faut être ouverte à la vie et donc se sentir ouverte » et puis « il faut savoir faire face ». Décidément, je ne comprends pas bien cette notion d'ouverture dans la douleur et je le lui dis. Quant à « savoir faire face », il me semble y avoir des défis plus stimulants que de se faire raboter à vif le ventre et le périnée, mais ça je ne le lui dis pas.

Devant mes joues tombantes et mon manque d'entrain et sans doute pour m'insuffler le fluide de son beau courage, elle conclut : « Vous savez, c'est une sorte de passage initiatique… On n'est plus jamais la même après cela, on est comme… »

Elle cherche le mot. Elle le trouve : « Comme… transformée ! Oui c'est cela, on est transformée ! »

Et hop ! Encore une ! Tombée sous le coup du « passage initiatique » qui transforme une femme normale en mère aux superpouvoirs.

Cette terminologie qu'on n'entendait absolument jamais est souvent lâchée tôt ou tard dans une conversation qui porte sur l'accouchement dit naturel ou physiologique. L'intrusion de ce langage ésotérique dans une fonction physiologique me paraît incongrue. Mais il faut bien admettre que le fameux « passage initiatique » se taille un beau succès et semble être un concept en vogue. La patiente me dit qu'elle prend des cours dans une maison de naissance dont elle a eu connaissance sur les forums qu'elle fréquente. Il existe en effet un prosélytisme assez actif qui fonctionne avec l'efficacité des réunions Tupperware où toutes les mamans se confient et se comparent entre elles. Nul doute que le fameux « chemin initiatique » qui transforme à jamais est copieusement implémenté dans le cerveau des dames en quête de sens. Ce revirement à la case départ ne cesse de surprendre car l'histoire récente est là pour nous rappeler que les femmes ont très souvent vécu l'accouchement comme une terrible épreuve.

Pourtant à la moitié du siècle dernier, survient une éclaircie avec l'accouchement dit « sans douleur ». C'est la célèbre clinique des Bleuets qui a importé cette innovation venue d'URSS puis s'est chargée de la répandre en France. Une aide psychologique, éducationnelle ainsi que des méthodes de respiration sont alors mises au point pour diminuer la peur d'avoir peur et donc augmenter la tolérance à la douleur. Une fois lancée, la méthode a été fortement approuvée par l'ensemble des parturientes. Mais la peur d'avoir peur ne supprimant pas les douleurs, c'est avec insistance que dans les années 1980, l'anesthésie péridurale a été revendiquée par les femmes, féministes ou non. Celle-ci a été vécue comme une libération et un soulagement.

La pratique de l'anesthésie péridurale a rendu les salles d'accouchement nettement plus silencieuses. Hurlements et supplications ont disparu. En attendant que le travail se fasse, les parturientes papotent avec leur mari ou le personnel. Certaines écoutent de la musique pour se détendre, d'autres lisent ou regardent la télévision. Les femmes exigent désormais de ne plus souffrir en accouchant ! Je suis même témoin de l'assaut d'une maternité par un groupe de féministes railleuses qui nous interpellent : « Hep ! Les toubibs ! Cela vous défrise de vous lever la nuit pour faire des péridurales ? ». Le chef de service, bel homme mais assez couard, doit user de tout son charme pour prouver qu'il n'est pas un « sale phallocrate ». Oui certainement il a bien fait le nécessaire pour offrir une péridurale à toutes celles qui le demandent et du reste il a un respect immense pour la condition féminine, etc. « Mesdames, puis-je vous offrir un café ? ». Devant cette bande de femmes démontées, il fait le mignon. Profil bas, il propose la visite guidée de sa maternité avant de faire verser son mauvais café à ces dames à frisettes et pattes d'éléphant. Au bout de deux heures, elles finissent par ramasser leurs pancartes et repartent en ordre dispersé. Pour le collier de couilles, c'est raté. Le brancardier du service, mi-outré, mi-rigolard, assiste à la scène, c'est que lui, « il y aurait bien foutu son pied au cul à toutes ces gonzesses ! »

Malgré toutes les difficultés, l'anesthésie péridurale se développe ainsi sous la pression des femmes et ce, malgré la réticence de certains médecins. Simone Veil étend le remboursement de cet acte dès la fin des années 1980. L'engouement est tel que dix ans plus tard, la moitié des femmes accouchent sous péridurale. Cette technique qui permet de supprimer la douleur tout en n'altérant pas l'état de conscience en satisfait plus d'une. Mais les années passant, elle en vient à contrarier d'autres : entre-temps, elle a renforcé la médicalisation de l'accouchement.

Car la péridurale ralentit le travail d'accouchement ce qui nécessite de le diriger à l'aide de perfusions médicamenteuses. Par ailleurs la technique, alors débutante, a longtemps transformé les mères en gisantes, les attachant sur un lit ou une table d'accouchement. De plus l'anesthésie, annihilant toute sensibilité de l'utérus et du périnée, a souvent rendu inefficace les efforts de poussée de la mère au moment crucial de l'expulsion de l'enfant. Cela se traduit par une augmentation des extractions instrumentales et des épisiotomies qui obligent les mamans à trôner sur des bouées en plastique pour cicatriser sagement comme des petites filles. Enfin, matière à fâcheries supplémentaires, la péridurale est accusée d'augmenter le taux de césariennes ! Si les études rétrospectives ont effectivement montré une augmentation du taux de césarienne, en particulier quand la péridurale est utilisée en début de travail, les critiques des effets possibles de l'anesthésie sur l'accouchement et le nouveau-né doivent êtres nuancées : les femmes qui ont une péridurale sont souvent celles qui ont un accouchement difficile et donc un risque supplémentaire de césarienne. En 2005, la prestigieuse revue *New England Journal of Medicine* a rapporté les résultats d'une grande étude comparant les techniques modernes de péridurale avec l'administration de morphinique par voie générale [1]. Les résultats de cette enquête n'ont pas montré de différence significative entre les deux groupes, quant aux taux

1. Wong C.A., Scavone B.M., Peaceman A.M. *et al.*, « The risk of cesarean delivery with neuraxial analgesia given early versus late in labor », *New England Journal of Medecine*, 2005 ; 352 : 655-665.

d'accouchement par césarienne et d'accouchement instrumenté par les voies naturelles.

Surtout, il faut souligner que de nos jours la technique de l'anesthésie péridurale s'est améliorée. Elle s'attache à ne délivrer que de petites doses médicamenteuses avec une individualisation du traitement à la douleur, de cette façon la patiente peut tout à fait déambuler tout en étant protégée de la douleur. De la même manière, elle peut ressentir ses contractions et l'envie de pousser correctement sans avoir mal.

En réalité, le summum de l'agacement pour de nombreuses femmes est l'absence d'autonomie face à la toute-puissance réelle ou fantasmée du « pouvoir médical », d'où les revendications pour le choix ou le « projet d'accouchement » et l'impression victorieuse de reprendre des mains du chevalier Vador, toute la liberté rose bonbon d'un avènement privé. Ceci étant dit, souvent, l'épreuve de la réalité et de ses méchantes crampes contraint les dames à appeler à l'aide : celles qui ne voulaient pas de péridurale, en veulent. Mortifiées, elles supplient. Inversement celles qui s'aperçoivent que leurs douleurs sont finalement de la gnognotte changent d'avis : elles voulaient une péridurale mais n'en veulent plus. Fières, elles pavoisent. Entre les deux, la grande masse des procrastinatrices (je veux, je peux pas, je peux pas, je veux pas, etc.) hésitent. Et elles hésitent tellement qu'on finit, au gré des circonstances, par choisir pour elles. Mortifiées ou flattées, elles expriment leurs impressions : joie, déception, voire colère…

10

DE LA LITURGIE DANS LA MATRICE

Un très joli film a été réalisé sur l'espace physiologique de la maternité publique de Strasbourg. On y voit un bel espace pimpant, des sages-femmes douces et concentrées apportant tout leur soin et leur attention aux femmes qui décident d'accoucher sans péridurale. C'est clair, c'est lumineux et cela chuchote le bonheur intelligent. Du reste on nous montre la sage-femme responsable dans ses autres activités : peinture, vélo, yoga… Beauté, simplicité, sensibilité. La bande-son est cristalline et les intervenants sympathiques et sereins. Un bel écrin pour accoucher humainement.

Puis on filme une femme qui accouche de façon très humaine : complètement nue, à quatre pattes, ahanant, tordant son bassin et remuant son postérieur en une transe saccadée douloureuse et électrique. Elle s'échine à expulser son petit. Le mari, calme et un peu peiné, lui masse le haut de la croupe tandis que la sage-femme surveille la posture du mammifère humain. En regardant la scène, il est difficile de ne pas avoir mal pour elle mais… il s'agit de son choix. Et devant une telle souffrance, avoir le choix est même le seul argument recevable. Car pour le reste, l'animalité de la scène est frappante tant elle évoque une douloureuse mise bas.

Dans ce même film on interroge une très jeune femme qui veut tenter un accouchement physiologique.

« Pourquoi ? lui demande la journaliste.

– Ma mère m'a dit qu'elle avait bien accouché comme ça, sans rien ! »

Visiblement cet argument de poids a convaincu sa fille. Les femmes, grands-mères, mères, filles et petites-filles se déclinent parfois comme un jeu de poupées russes. Elles se recopient à l'identique : « Je fais comme les femmes de ma famille ont fait avant moi. » C'est un ordre tranquille où on se réfléchit en miroir et où on compare ses expériences. Mais on y réfléchit peu car rien ne doit venir questionner l'identité mère-fille. Il y aurait comme un déplacement de la trace familiale, une trahison du devoir de mémoire. Quelques séquences plus tard, on voit cette jeune femme dont c'est le premier accouchement entrer en travail. Manifestement elle déguste. Dans une échelle de 1 à 10, les douleurs de l'accouchement sont souvent cotées à 12. Elle se tord de douleur, respire comme elle peut durant les contractions et n'arrive pas à trouver une position qui puisse la soulager. On voit qu'elle essaye désespérément de surmonter les vagues de contractions ascendantes. Son visage est tragique. Bientôt elle veut se tenir debout, marcher mais elle s'accroche à la rampe du couloir, s'accroupit, se penche, bref essaye par tous les moyens d'atténuer les horribles décharges douloureuses. La sage-femme lui parle doucement, l'encourage... Pourtant, on sent bien que la situation dérape. Dame Nature est en train de cogner dur sur une fille épuisée qui s'est fait monter le bourrichon par sa bonne maman. Après un (long) moment la parturiente, à bout, réclame dans un souffle une péridurale. La sage-femme, manifestement un peu déçue mais toujours impeccable, fait immédiatement le nécessaire. Trop douloureuse pour se sentir coupable, la maman s'apprête à sortir du bel espace physiologique pour se traîner en claudiquant vers l'espace médicalisé. Une porte sépare les deux endroits différents. La franchir n'est évidemment pas neutre symboliquement.

On peut facilement imaginer la future honte de ne pas s'être montrée à la hauteur du « sans-faute » effectué en son temps par sa génitrice. Elle, elle a su serrer les dents et a réussi son accouchement sans aucune aide. En voilà une affaire ! Et sa pauvre fille qui réclame une péridurale ! Car que n'écrit-on pas sur la péridurale ! « Aujourd'hui, muettes, le corps insensibilisé, dans l'impossibilité de restaurer le lien qui les rattache à leur mère, les femmes ne donnent plus la vie, elle leur est arrachée en les privant d'un peu de leur humanitude [1]. » Pas de « bravitude » = privée « d'humanitude » ! Et puis que chuchotera l'inconscient de la pauvre fille ? Douillette ! Immature ! Mauvaise mère ! Fausse femme ! Ces anathèmes secrets et serpentins n'en finiront pas de tourner en boucle. Pauvre jeune femme qui n'aura pas eu la moelle d'accoucher à l'ancienne, à l'arrache ! Initiation ratée d'une femme qui a osé sortir de la cabane où la tradition l'a confinée pour subir l'initiation des « grandes

1. Marie-Reine Bernard, « Construction de la maternalité et analgésie per-partum : étude des corrélations entre le niveau de sensibilité des femmes pendant l'accouchement et la construction des liens mère-enfant. 2004-2005 », Université de Provence Aix-Marseille I.

douleurs » ou du « joli mal ». Car n'est-ce pas la souffrance qui imprime dans la chair l'identité d'une mère ? Du moins la tradition le dit.

La culpabilité rampante d'avoir manqué à sa tâche fera le reste car d'une femme honteuse on peut tout obtenir. Liturgie ratée d'un accouchement. Fête de mariage pluvieuse. Drap sans tache de sang et déshonneur de la nuit de noces. L'idée d'une chute morale affleure à la conscience. Le rite avorté de ce début de vie vient marquer de déshonneur la pauvre femme. Déshonneur ! Le contraire de ce que revendique l'Ordre des sages-femmes quand il demande de « remettre à l'honneur l'accouchement physiologique[2] ». Cet honneur imbécile annonce au moins la couleur : il y aurait donc un honneur féminin au fait glorieux d'accoucher en souffrant… comme au bon vieux temps serait-on tenté d'ajouter. Or l'honneur de la souffrance ne va pas sans son corollaire qui serait un déshonneur lié à l'absence de souffrance (que dire alors de la volupté !).

L'Ordre des sages-femmes vient, sans honte et sans gêne aucune, réclamer ici le rétablissement de l'ordre naturel et honorable des choses. Les

---

2. Lettre ouverte aux candidats à la présidentielle de 2012. www.ordre-sages-femmes.fr

gardiennes du troupeau semblent penser que la médecine a dévoyé l'accouchement de leurs brebis-femelles : « L'acharnement des soignants à vouloir faire taire les femmes en supprimant la douleur semble aller bien au-delà du prétexte de les libérer de la douleur. La péridurale a rejoint le rang des rituels de l'accouchement et il n'y a certainement pas de hasard à cela [3]. » Et encore : « réduire les femmes qui accouchent au silence pourrait bien s'inscrire dans une volonté de retour à une certaine forme de domination [4] ». Ben voyons ! Parce que les faire crier « maman ! », gueuler, gémir, pleurer, suffoquer et mordre les draps, c'est une libération ? Comme si la finalité de l'accouchement n'était pas l'enfant mais l'enfant *avec* l'expérience de la souffrance. Le travail d'accouchement serait *avant tout* un travail initiatique où la religiosité contenue par plusieurs décennies de progrès médicaux, s'invite à nouveau. Et le passage crucifiant du nouveau-né à travers le bassin maternel transfigurerait une femme en mère. En résumé : pas de mère, si pas de douleur d'enfantement. Et avoir un enfant n'est pas suffisant, il faut quêter un sens qui n'est pas seulement celui de la sortie…

---

3. Marie-Reine Bernard, *op. cit.*
4. Marie-Reine Bernard, *op. cit.*

En bref, il faut du mythe ! Et celui de la malédiction divine qui préside à la chute de l'homme, « Dans la douleur, tu enfanteras », a des radicules vivaces. La perte du paradis est un mythe essentiel du monde judéo-chrétien car il donne une explication rassurante sur ce que nous sommes. Et nous sommes obligatoirement des enfants de Dieu et non pas de lointains descendants de vers aquatiques. Et même si nous l'étions ce serait encore le ver fabriqué par Dieu dans son grand laboratoire étoilé.

C'est Ève la fautive ! Cette folle a désobéi à Dieu en faisant goûter, à ce benêt d'Adam, l'arbre de la connaissance. Mais avant Ève, il y avait eu Lilith qui avait aussi donné beaucoup de soucis à Dieu car elle refusait d'être en dessous d'Adam pendant l'accouplement. Cette garce têtue, lassée d'être en dessous, est partie faire la nouba au pays des démons. Dieu, très contrarié, a puni sévèrement Lilith en la condamnant à manger sa progéniture. Bon Dieu mais quelle idée de singe ! Et voilà qu'après Lilith, Ève désobéit aussi ! Grosse colère divine et bannissement des coupables : Adam devra aller au turbin et Ève enfantera dans une douleur puissance mille. C'est la chute de l'homme ! Ce mythe a longtemps fondé la condition humaine et davantage encore la condition féminine qu'il a piétinée avec constance et délectation.

Dans les familles religieuses et intégristes, monsieur baise madame en position du missionnaire, lumière éteinte pour ne pas que les époux se voient nus. Il fait chaque fois que ce peut un bébé à madame qui accouche méthode-tradi. Si monsieur a les moyens, il offre à madame une bague ou un joli bracelet puis retourne au travail pour nourrir cette bouche supplémentaire tandis que maman s'occupe d'allaiter et de laver les couches en fredonnant de la berceuse (la maman a le teint rose et sent bon le lait d'ânesse). On ne se débarrasse jamais vraiment des mythes tant ils construisent notre imaginaire, notre pensée, notre langage. Depuis la perte du paradis et même si la douleur d'enfantement peut être évitée, certaines la réclament encore pour se conformer et se sentir connectées à Dieu, ce vieillard atrabilaire ou à la bonne Nature qui parfois le remplace.

« La fonction du mythe est de donner une signification au monde et à l'existence humaine », de plus « le mythe garantit à l'homme que ce qu'il se prépare à faire a déjà été fait, il l'aide à chasser les doutes qu'il pourrait concevoir quant au résultat de son entreprise [5] ». En cela, la médecine profane doit absolument plaider coupable car elle contourne

5. Mircea Eliade, *Aspect du mythe*, Gallimard.

la sentence mythique, au nez et à la barbe de Dieu. Horreur et damnation !

Il est vrai que les chercheurs en général et les médecins en particulier sont soupçonnés, voire accusés, de vouloir franchir les limites humaines : ils se situent hors narration mythique, hors rituel magique et ne cessent, ces maudits salauds, de s'empiffrer à « l'arbre de la connaissance ». Ils ne sont jamais rassasiés et veulent en savoir toujours plus. C'est en ce sens qu'ils sont déshumanisants car ils ne répondent pas comme il le faudrait à la demande de merveilleux.

Autour de l'accouchement se dressent donc deux conceptions de l'existence humaine : religieuse et profane. Le monde profane des médecins considère l'accouchement comme une fonction physiologique et même s'il sait que c'est l'une des plus émouvantes fonctions humaines, il ne voit rien d'autre dans le fait d'accoucher que ce qu'il voit : l'arrivée d'un enfant en bonne santé et une génération assurée. Or un bébé en bonne santé n'est pas seulement un bébé tout rose qui vagit dans la couveuse. Un bébé en bonne santé est un nouveau-né qui a conservé tout son potentiel lors de la traversée osseuse, ligamenteuse et laborieuse du bassin de sa mère. L'oxygène ne vient pas à lui manquer, ses neurones ne souffrent pas. D'où cette surveillance électronique permanente du travail qui vient casser l'ambiance. Autant tuer la magie d'un réveillon en imaginant glisser un thermomètre à mercure dans le derrière du gentil papa Noël.

Briseuses d'imaginaire, électrodes et perfusions de la médecine veillent au grain humain. On voudrait du Fra Angelico et on a du techno servi par un interne manquant de sommeil. Où est Mon théâtre de Mèèèère ? Comment puis-je devenir Mèèèère dans ce décor de merde ? Ma douleur ? Ma lumière ! Mon Moi ! Rôle de ma vie ! J'existe Hein ? Dis-le ! Dis-moi que j'existe !

Alors grossesse et accouchement trop techniqués ou jamais trop ? Dialogue de sourds. Beaucoup de femmes ne trouvent plus leur compte dans ce monitorage, elles se sentent dépossédées de leur histoire humaine, de leurs mythes ancestraux et de leurs rituels rassurants. Beaucoup croient, aiment, voire adorent la fable du monde qui confère à la fonction d'accoucher une sacralité, un sens autre.

Cette quête de sens que l'on voit poindre partout y compris dans les salles d'accouchement voudrait combler la vacuité angoissante d'une société matérialiste et sans illusion. En assimilant l'accouchement à un acte sacré, ils renouent avec le merveilleux, la nature et le lien cosmique. Ils ont besoin de faire corps avec une « nature supérieure » pour se raccrocher à cette parcelle de divin. Ils se refusent, pathétiques prétentieux, à voir ce qui est : accoucher médicalement sert à avoir un bébé en bonne santé n'ayant pas carbonisé son cerveau et une maman dont la santé est conservée en dépit de l'épreuve subie. Ce serait trop affreux pour eux si la quête de sens de cette grande affaire ne se réduisait qu'à la simple « volonté de vivre » du vieux Schopenhauer. Impossible ! Horrible ! Nous sommes si... spéciaux... si... racés... si... supérieurs à tout ce qui est sur Terre...

Quand certains parlent de « l'accouchement respecté[6] » ils font en fait sous-entendre une demande de respect d'un « sacrement » soit le respect du sacrement fidèle au mythe de l'humanité. Un peu de liturgie nom de Dieu ! Or, la médecine est évidemment sacrilège car le « sacrement accouchement », elle n'en a cure en tant que sacrement, elle n'y pense même pas. Qu'ont les douleurs d'accouchement de transcendant ? Rien !

Il existe chez les sages-femmes et parfois chez les médecins un petit lot d'extatiques de la matrice.

6. Collectif interassociatif autour de la naissance (http://Ciane.net) et Alliance francophone pour l'accouchement respecté (http://Afar.info).

Ceux-ci réclament un accouchement naturel, démédicalisé. Mais on a le sentiment diffus que la nature dont ils se réclament n'est jamais totalement naturelle, un peu de mystique affleure dans leurs discours. Parler d'accouchement « naturel » est une sorte d'égarement car il s'agit avant tout d'un accouchement culturel dont l'ordre est religieux. Que le principe religieux s'appelle Dieu ou Nature, c'est au choix et c'est pareil. L'intention, plus ou moins consciente, plus ou moins masquée, est en réalité une volonté, non dite, de religiosité. Cette volonté se double d'une morale conformiste et souvent bourgeoise de la sujétion des femmes à la douleur. Car l'esprit religieux aussi bien que le contentieux moral bourgeois impliquent que les femmes sont sur Terre pour donner des enfants aux hommes et que leur toute récente promotion dans les affaires de la cité ne les exempte absolument pas de leur destin biblique. Voilà qui plaît à la morale bourgeoise puisqu'elle remet les femmes dans les clous d'une tradition patriarcale rassurante et de bon aloi. Voilà aussi l'alliance inattendue des bobos et des tradi qui se retrouvent sur un même terrain de jeu.

Quant aux volontaires à la sujétion, il y en a toujours. Simple mélange d'habitude, d'obéissance et de constructions mentales séculaires. Celles-ci veulent souffrir, saigner pour être dignes d'être appelées « Maman » et de ce fait être considérées comme de vraies femmes. Elles ont besoin d'être reconnues par leur compagnon, leur mari, leur famille. C'est à cette condition qu'elles peuvent être au monde.

« Le modèle mythique est susceptible d'applications illimitées[7] », nous dit Mircea Eliade. Ceci devrait nous avertir : il peut nous replonger le nez à tout moment dans le sang et les douleurs. Sang et douleur des règles ? Impureté des femmes ! Sang et douleur de la défloration : impureté du sexe ! Sang et douleur de l'accouchement ? Impureté du péché originel ! Pour ces nouvelles matrones ordinales et modernes, l'important est semble-t-il que les femmes acceptent avec fermeté d'âme ce que la création naturelle ou divine leur a réservé.

La médecine profane, certainement déstabilisée par une demande qu'elle n'aurait jamais cru entendre, commence doucement à répondre à cette volonté de resacralisation de l'accouchement. L'ouverture d'espaces physiologiques tels que celui de la maternité de Strasbourg est probablement une réponse acceptable pour la condition féminine

7. Mircea Eliade, *op. cit.*

mais elle met en lumière un des symptômes majeurs de notre temps : la perte de repères spirituels dont beaucoup ne peuvent se passer sans anxiété majeure. Ces espaces de naissance posent la question essentielle du choix de l'accouchement tout en maintenant une sécurité chèrement gagnée à travers les siècles. Ces espaces sont assez larges pour choisir d'accoucher comme on le veut, par qui on le veut et où on le veut. Espace physiologique pour la douleur mystique perçue comme une liberté spirituelle ET espace médical pour une douleur superflue vécue comme une contrainte du corps. La médecine moderne doit écouter et respecter le choix des femmes. Mais, qui aurait pu prédire qu'un jour des femmes réclameraient un retour culturel à la douleur et à la soumission des contingences du corps ? Et dans quelle mesure cette nouvelle demande n'est-elle pas insufflée par l'histoire tourmentée de ce début de siècle ?

11

LES GRAINES DE L'IGNORANCE, ENCORE...

La jeune fille entre dans le bureau, sa mère la suit. Les mines sont ternes et les têtes courbées. La maman porte un blouson en skaï noir, une écharpe grise autour du cou, deux grandes boucles d'oreilles en forme de cercle dont le métal bon marché a fini par tatouer de vert gris les trous de ses deux lobes. Les yeux fardés n'arrivent pas à masquer l'éreintement qui se dégage de toute sa personne, la dame a mal dormi. Elle répand autour d'elle l'odeur du tabac des 40 gauloises journalières qui imprègnent ses vêtements. En un clin d'œil, on imagine sa vie. Les cigarettes et le maquillage maladroit sont là pour conjurer le malheur, se persuader que tout va bien. On essaye de braver le destin qui distribue avec régularité ses sales jetons : divorce, chômage, fin de droits, compte bancaire dans le rouge… Et puis il y a cette adolescente intenable qui ne fiche plus rien à l'école, qui a un langage de caniveau mais se rêve un formidable destin d'amoureuse. La fille a poussé trop vite. Surcharge pondérale, piercing, gros papillon noir grossièrement tatoué sur les reins.

Tandis que la mère explique la raison de sa venue, une « tuile » comme elle dit, sa fille s'installe sur la table d'examen de la salle d'échographie. Peau d'orange sur les cuisses, vergetures sur les hanches mais le « ticket de métro » pubien est taillé avec soin. Il est visiblement l'objet de soins attentifs car depuis six mois déjà, elle a un amoureux, un vrai. Celui-là n'est pas comme les petits amis, les « boulets » qu'elle a connus par le passé. Avec ceux-là c'étaient des baisers et des suçons de bouche et de sexe. Mais son amoureux l'a pénétrée pour la première fois. Elle a eu mal et puis cela a fini par lui faire du bien, du moins elle était contente car elle semblait enfin compter pour quelqu'un. C'est son grand amour et elle ne lui refuse rien, il fait avec elle tout ce qu'il veut. Les jeux et les joutes amoureuses continuent dans l'excitation des textos qui la convoquent dans le vestiaire de la piscine ou dans le garage des parents.

Elle y va, le cœur battant, certaine qu'il l'aime, tellement il la pénètre longtemps et souvent. Mais en résultat du énième coup de boutoir, la nature a fait son office et dans son utérus s'est niché un petit. Sur la banquette arrière d'une voiture, la nature a assemblé les chromosomes d'une gamine de 14 ans et d'un gamin de 16 ans pour leur faire ce gros ennui vivant, cette « tuile ». La double hélice d'ADN s'est répliquée inéluctablement, et si secrètement que la gamine n'a pas réagi à temps pour terminer l'affaire. Comme elle n'a pas imaginé une seule seconde de pouvoir devenir enceinte, elle a ignoré son état. « Je suis bien trop jeune », a-t-elle pensé. L'embryon est maintenant devenu un fœtus et sa mère ne veut pas qu'elle soit mère. Trop jeune, trop galère... La fille ne dit rien. Elle est devenue silencieuse depuis que son petit ami, prévenu de la situation, ne donne plus signe de vie. Sa mère, indignée, a voulu s'expliquer avec les parents du jeune homme. Cela s'est mal passé. Les insultes d'usage ont été proférées : « pute » et « salope ». Dégoûtée, la mère est rentrée chez elle et s'est enfilé trois bières pour laver l'honneur.

Bizarrement, les deux femmes ont refusé d'éteindre l'écran d'échographie quand je le leur ai proposé : elles veulent voir. La gamine, en perdant cet amoureux lâche, se retrouve seule face à la vision de son enfant. À l'abri des tourments terrestres le fœtus fait du tape-cul dans la poche amniotique de maman-gamine. Il a deux petites jambes toutes grêles mais est suffisamment fort pour pousser contre la paroi utérine, se hisser puis se laisser glisser comme à l'Aquaboulevard. On voit son profil de petit humain débutant, des mains délicates et dans son cerveau une petite structure qui commence à ressembler à un cervelet. On n'est pas loin des 3 mois… soit 15 semaines d'aménorrhée. Je traduis pour la jeune fille « 15 semaines sans règles ». J'explique que c'est un peu tard pour une IVG car, en France, la limite est de 14 semaines d'aménorrhée. La gamine se met à pleurer et sa mère se fait insistante : « N'y a-t-il pas moyen d'interrompre tout de même ? ». C'est vrai que sa fille n'a pas fait attention à ses règles qui ne revenaient pas, de toute façon ses règles c'est l'anarchie. Le cycle lunaire de 28 jours avec l'ovulation au 14e jour ? Tu parles ! Des fois c'est deux mois sans les avoir et parfois elles « débarquent » à l'improviste en plein cours de gym. Combien de fois a-t-elle dû se rendre au vestiaire à reculons une main cachant la tache rouge du pantalon de jogging ? Elle a toujours pensé que le bazar dans son cycle la protégerait d'une grossesse. C'est pourquoi elle ne s'est pas inquiétée de faire l'amour sans contraception. Un préservatif ?

Il n'en a pas voulu. De toute façon, son amoureux est tellement fort et en bonne santé qu'elle est certaine qu'il n'a pas le sida. La pilule pour elle ? Et puis quoi encore ! Elle sait très bien que cela fait grossir et qu'elle risque « d'avoir le cancer ». Les hormones donnent le cancer c'est connu, tout le monde le dit, c'est même écrit partout dans les journaux. Et puis pas question de risquer la stérilité en commençant trop tôt à bouffer des hormones. Les hormones, ce n'est pas si bon que ça, en plus ce n'est pas du tout naturel. Et si ses ovaires ne fonctionnaient plus après ? Elle n'aurait que ses yeux pour pleurer !

Elle a donc fait l'amour chaque fois que son amoureux l'a appelée, sans protection. Les semaines passent, et la fille ne fait plus attention à quoi que ce soit car elle a la tête dans les étoiles. Elle est tellement fière de sortir avec lui... Peut-être est-elle parfois nauséeuse, un peu de fatigue sans doute... L'autre jour elle a vomi juste avant de partir pour le lycée. Et puis alors qu'elle en parlait, une de ses copines lui a dit en riant : « T'aurais pas pécho un gosse ? ». Elles ont éclaté de rire mais subitement inquiète, elle leur a emprunté de l'argent pour acheter un test en pharmacie. Ses copines l'ont accompagnée. Incrédules puis consternées, elles ont regardé cette saleté d'anneau bleuâtre apparaître.

J'explique à la maman dont les boucles d'oreilles s'agitent soudain frénétiquement et dont le teint a viré au rouge qu'elle peut tenter une interruption de grossesse en Angleterre où les délais légaux sont beaucoup plus longs. Elle me répond qu'elle n'a d'argent ni pour les frais du voyage ni pour les frais médicaux. La gamine pleure toujours et renifle dans son mouchoir, sa mère s'énerve. J'essaye de les calmer et j'appelle la consœur qui travaille au centre d'orthogénie de l'hôpital voisin car la jeune fille n'a pas encore de médecin traitant. Je lui explique la situation, elle accepte de les recevoir dès le lendemain. Elle s'occupera du problème avec une assistante sociale. C'est un peu soulagées que les deux femmes me quittent, les semaines à venir ne seront certainement pas agréables pour elles... J'ai su par la suite qu'elles avaient pu emprunter le nécessaire pour faire le voyage en Angleterre. Transhumance trans-Manche de toutes les filles qui oublient qu'on risque d'avoir un bébé quand on fait l'amour sans contraception.

Très vierge et très enceinte

Leïla, 17 ans, vient consulter en cachette. Elle est accompagnée de sa grande sœur qui semble embarrassée. Leïla est la troisième d'une fratrie de huit enfants. Elle habite avec sa famille un appartement bruyant. La jeune fille partage sa chambre avec ses autres sœurs où aucune intimité n'est possible. Elle étouffe. Ahmed, son frère aîné, l'épie et il « est toujours sur son dos ». Elle doit lui demander des permissions pour tout. Il n'était pas aussi sévère quand il travaillait dans le garage d'en face. Il lui fichait la paix, elle était libre de faire ce que bon lui semblait. Mais sans crier gare le grand frère est soudainement devenu très pratiquant : une mouche orientale l'a piqué sévèrement. Depuis, il porte une barbe qu'il entretient soigneusement, se rend à la mosquée tous les jours et lit le Coran. Il la harcèle avec le voile qu'elle refuse de porter, la nourriture halal qu'elle doit acheter et il a interdit maquillage et rouge à ongles car « une bonne musulmane doit montrer de la pudeur ». Pire encore, pour se faire bien voir de l'imam, il voudrait qu'elle se fiance au cousin de celui-ci, « un vieux » dont elle ne veut pas. Sa résistance n'a pas plu à son frère qui depuis ne cesse de lui crier dessus et menace toutes les semaines de la renvoyer au bled pour la marier de force. Un jour elle a hurlé qu'elle préférerait se tuer plutôt que d'épouser le cousin d'Algérie. Ahmed l'a tabassée et a explosé son arcade sourcilière. Effrayée par le sang, la mère s'est interposée en suppliant qu'il arrête de cogner.

Il n'a plus jamais reparlé de la renvoyer au pays mais depuis il la regarde avec cet air mauvais qu'elle redoute. Elle a peur de lui.

Il y a six mois, son frère est retourné au pays pour le compte de son patron. Une période de répit, sous la surveillance très relâchée de la grande sœur, celle-là même qui l'accompagne et n'en mène pas large aujourd'hui. Car pendant l'absence du barbu, Leïla a respiré de nouveau et son appétence à la vie a donné toute sa mesure. Elle a recommencé à se maquiller et à sortir. Sa mère l'a prévenue : « Ton frère ne sera pas content. » Au lycée, toute séduction dehors, elle s'est mise à fréquenter un garçon. Quand il a voulu « coucher », elle a dit oui de peur de le perdre. Des copines plus affranchies lui ont dit que « quand on le fait par l'arrière, il n'y a pas vraiment de péché car on reste vierge ». Elle s'est donc laissé faire. Elle n'a pas eu mal et cela a plu au garçon si bien « qu'ils ont toujours fait comme ça ». Jamais il n'a essayé de pénétrer le vagin car « il me respecte », dit-elle.

À son récit, je mesure alors la valeur inestimable de l'hymen. Je ravale ma salive et m'abstiens pour l'instant de commenter les sodomies répétées, sans préservatif ni contraceptif. Et puis, voilà qu'après un retard de règles, un test de grossesse s'est avéré positif. Panique des sœurs qui viennent consulter en urgence. Quand je leur montre l'image d'un petit sac de quelques millimètres de diamètre situé dans l'utérus et qui n'est rien d'autre qu'une grossesse débutante, Leïla est stupéfaite ! C'est impossible puisqu'elle est vierge ! Sa sœur ajoute qu'il s'agit sans doute d'autre chose car « comment un bébé peut venir quand on le fait par l'arrière ? ». Les deux jeunes femmes ont du mal à y croire. J'ai quelques difficultés à faire comprendre que du sperme peut refluer vers la vulve et que des spermatozoïdes peuvent ascensionner dans la cavité vaginale, l'utérus puis les trompes, or c'est dans le tiers externe de la trompe qu'a lieu la fécondation. Je sors une feuille blanche et dessine très sommairement le trajet du spermatozoïde sournois et fécondant. Leïla ne me croit toujours pas car elle « n'a pas senti le sperme couler ». Sait-elle ce qu'est la glaire cervicale ? Non, elle ne sait pas. Je dois user de persuasion pour lui expliquer comment un peu de glaire cervicale affleurant à la vulve peut capter les spermatozoïdes d'une simple goutte de sperme déposée sur le périnée.

Leïla est effondrée. Elle ne pense plus qu'à son frère qui va lui « démonter sa tête ». Et le frangin brutal rentre d'Algérie dans deux semaines. S'il l'apprend, une réaction violente ne se fera pas attendre et des claques massues ne tarderont pas à s'abattre sur le cou gracile de Leïla. Cette pensée me fait craindre le pire pour les deux sœurs. J'ai déjà pris en grippe cet Ahmed : « Il lui cassera rien du tout et la passera par rien du tout, on est en France ! ». J'affirme aux sœurs éplorées que si le Ahmed bouge la moitié du quart d'une oreille, on lui enverra le procureur car la France ne permet pas que des hommes terrorisent des femmes. Ma naïveté les laisse un temps sans voix puis les pleurs redoublent. En vérité, je ne suis pas convaincue par ma tirade républicaine, je cherche surtout à les apaiser. Il nous faut donc trouver une solution rapide. J'appelle alors le médecin généraliste qui s'occupe de la famille de Leïla, lui explique le danger de la situation et la nécessité absolue de protéger les deux femmes. Nous convenons de l'envoyer sur-le-champ dans le centre d'orthogénie voisin tout en rassurant Leïla sur un secret médical absolu. Tout devrait être arrangé pour le retour du frère. La grande sœur est la plus soulagée des deux car en tant que sœur aînée, elle se sent responsable de Leïla. Et même si elle est horrifiée par cette sœur qui « est en train de mal tourner », elle est toute soulagée que l'hymen soit intact. Les hommes de son pays, elle les connaît bien ! Ils veulent tous coucher avec les filles mais exigent qu'elles soient intactes pour le mariage. Les autres ne sont que des

« putes » comme ils disent. La grande sœur insiste : « Mais les médecins ne toucheront pas à l'hymen ? » Non ils toucheront à rien, ils la regarderont juste avaler le comprimé abortif. Puis la grande sœur sans doute soulagée d'un poids m'explique que trouver un médecin qui répare et recouse c'est difficile. On peut toujours aller dans des cliniques mais c'est vraiment très cher. Seules les plus riches le font recoudre et même parfois plusieurs fois !

Étrangeté que cette vénération pour une rondelle de muqueuse, idolâtrée et gardienne du temple.

Quand, en 1967, la loi Neuwirth autorise enfin la contraception, le professeur Albert Netter s'oppose à l'exigence d'un consentement écrit des parents pour permettre l'accès à la pilule aux mineures de moins de 21 ans ! Et il insiste : « Nous ne voyons dans cette interdiction faite aux mineures ni un progrès moral, ni un bienfait pour l'avenir de la natalité, bien au contraire… » Prédiction fulgurante car à ce jour, nous pouvons observer le résultat des frilosités datant de quarante ans : nos adolescentes et nos très jeunes filles en payent encore l'addition. La petite note est douloureuse et elle marque l'existence. Merci la vie.

Il est devenu banal de le dire tant on y est habitué : la France présente une situation contrastée avec le taux de contraception le plus élevé d'Europe (91 % des Françaises sexuellement actives âgées de 15 à 49 ans déclarent employer une méthode contraceptive [1]) mais aussi le taux le plus important d'IVG. Pour l'année 2010, le rapport de la DREES [2] dénombre 211 985 IVG et veut noter une stabilisation des chiffres. Il montre aussi que le recours à l'IVG intéresse plus particulièrement les très jeunes femmes de métropole : 15,3 sur 1 000 femmes pour la tranche d'âge 15-19 ans et 26,9 sur 1 000 femmes pour la tranche d'âge 20-24 ans.

Cependant renforcer l'accès des jeunes filles aux consultations de gynécologie pour leur proposer une contraception préventive adaptée, anonyme et gratuite semble être une des principales solutions à ce triste constat [3]. Chaque femme est unique et chaque femme a son histoire. Une prescription standardisée, même si elle est facilement obtenue, a peu de chance d'être correctement observée si elle n'est pas suffisamment expliquée dans son contexte. On sait que deux IVG sur trois concernent une femme

1. Note d'analyse nº 226, Centre d'analyse stratégique, juin 2011.

2. A. Vilain, M.-C. Mouquet, « Les interruptions volontaires de grossesse en 2010 », *Études et résultats*, nº 804, juin 2012.

3. Pr Israël Nisand, Dr Brigitte Letombe, Sophie Marinopoulos, *Et si on parlait de sexe à nos ados ?*, Odile Jacob, 2012.

utilisant une méthode contraceptive, l'échec étant dû à un oubli ou un accident[4].

D'autre part, la pilule du lendemain, disponible depuis 1999 et que les pharmaciens, les sages-femmes et les infirmières peuvent désormais prescrire, n'a pas encore réussi à infléchir le taux d'IVG alors que son utilisation a fortement progressé entre 1999 et 2010. Peut-être est-ce le résultat d'un taux d'utilisation encore trop faible ? Pourtant, en 2010, plus de deux jeunes femmes sur cinq ont déclaré avoir utilisé un contraceptif d'urgence pour éviter une grossesse non désirée. Les pharmaciens ont maintenant la possibilité de prolonger un traitement contraceptif oral ce qui semble aller dans le bon sens. Mais une boîte de pilule, proposée à la vue de tous, entre un voisin qui vient acheter son sirop ou une amie de sa mère, ses pansements gastriques, ne pousse pas les jeunes filles à franchir aisément la porte des officines. Où est l'anonymat requis dans un lieu aussi public qu'une pharmacie ? Quand chacun vient révéler par le médicament qu'il achète un incident intime de sa vie ?

---

4. Annick Vilain, « Les femmes ayant recours à l'IVG : diversité des profils des femmes et des modalités de prise en charge », *Revue française des affaires sociales*, 2011, nº 1, pp. 117-148.

Aussi, rien n'a la valeur que prend une consultation gynécologique particulière pour parler de sexualité à de très jeunes femmes et trouver la contraception la plus adaptée. Car la contraception dépend de multiples facteurs : l'âge, l'état général, l'équilibre hormonal, le mode de vie, la stabilité affective, les préjugés et les dégoûts, etc. Si une contraception standardisée distribuée à la va-vite ne convient pas, il sera beaucoup plus difficile de persuader les jeunes filles d'en utiliser une autre. On aura alors pris le risque d'un jugement hâtif et péremptoire : « Les hormones, cela ne me convient pas. » De plus l'accès à la consultation de gynécologie est difficile en raison de son coût. Seuls les dispositifs déjà existants et qui ont pu résoudre le problème du paiement de l'acte médical ont pu améliorer le taux de fréquentation des consultations. Cependant ces dispositifs sont parcellaires, compliqués et parfois méconnus des utilisatrices potentielles quand ils ne sont pas tout simplement géographiquement inaccessibles. Cette anarchie dans le soin contraceptif ne perdure qu'en raison d'une absence de volonté politique de régler le problème à l'échelle nationale, une fois pour toutes. Un saupoudrage d'expériences disparates est laissé à la seule bonne volonté des divers acteurs sanitaires. D'une région à l'autre, tout est variable et aléatoire.

C'est aussi le cas pour l'éducation à la sexualité pourtant inscrite dans une loi de 2001. Les directeurs des établissements scolaires en font le moins possible mis à part toutes les fois où ils ne font rien du tout. Sans doute parce qu'ils pensent que l'éducation à la sexualité relève de l'espace familial et de l'ouverture d'esprit des parents. Et tant pis pour les enfants qui appartiennent à des milieux intégristes ou traditionalistes. En n'appliquant pas la loi, les chefs d'établissement ménagent leur crainte d'avoir à traiter un sujet délicat tout en esquivant les embrouilles possibles avec les parents adeptes d'une morale rigide. Et si l'État va, nous dit-on, faire en sorte que la loi sur l'éducation à la sexualité soit appliquée, le contenu de son enseignement demeure problématique car les livres scolaires des sciences de la vie prêtent encore à sourire. Ils décrivent certes scrupuleusement les mécanismes de la reproduction humaine mais demeurent très élusifs quant à l'anatomie exacte des organes génitaux humains. La vulve ? Une flèche dirigée sur le mont de Vénus. Grandes lèvres, petites lèvres, clitoris ? Connais pas ! La verge ? Oui mais sans les caractéristiques du gland pénien ! Autant y coller des feuilles de vigne. Nos ados doivent donc se débrouiller avec des images d'Épinal.

Face à ces résistances dignes de couventines, les pornographes viennent à point pour combler les lacunes d'un enseignement frileux et dépassé. C'est une faute collective si les jeunes adolescents se trouvent obligés d'aller y chercher les renseignements manquants. Et même si la pornographie peut avoir son utilité sexuelle ou sociétale pour les adultes, ses représentations sont fausses ou altérées. Car si la pornographie montre précisément l'anatomie et la dynamique organique des chairs et des fluides humains, elle est salement mensongère sur le reste. Or, c'est le reste qui importe.

Est-ce une situation sanitaire dont les Français peuvent se satisfaire ? Évidemment non et ils auraient même à s'en plaindre. En comparaison, L'Europe du Nord prend meilleur soin de ses enfants. Chez eux, les jeunes générations reçoivent très tôt un enseignement à la sexualité. Résultat : non seulement leur taux d'IVG est parmi les plus bas d'Europe, mais encore ils ont moins de cas d'incestes et de viols. En 2011, Jeannette Bougrab, alors secrétaire d'État chargée de la jeunesse et de la vie associative, s'est courageusement saisie du problème en demandant au professeur Israël Nisand (Strasbourg) un rapport sur la sexualité des adolescents.

Courage ? Il en faut certainement car il y a toujours un péril politique à fâcher l'électorat traditionaliste, et il n'y a aucun bénéfice personnel à infléchir le nombre de très jeunes femmes qui avortent et dont une bonne partie ne sont pas encore des électrices. Il faut apprécier le fait qu'un ministre ayant ce magnifique culot soit une femme et ne point s'en étonner. Qu'aucun homme politique n'ait jusqu'à présent bougé un petit doigt pour nos gamines, il faut en conclure ce que l'on doit... Le professeur Israël Nisand qui est le seul a avoir réussi là où tous les autres continuent d'échouer, c'est à dire infléchir un taux d'IVG par une vraie politique contraceptive, a fourni dès février 2012 une liste de dix-huit propositions aptes à en terminer avec cette anomalie française : créer un outil de communication national, couverture de tout le territoire par des centres d'accueil spécifiques pour les jeunes, éducation nationale dans les collèges et les écoles à la réalité de la sexualité, contraception de tout type gratuite, anonyme, non limitée dans le temps en diffusant le plus largement possible le « *double dutch* », soit les préservatifs distribués en même temps que la contraception. Hélas, le temps venu d'une autre présidence, on ne voit toujours pas venir l'application de ces propositions dont l'efficacité a pourtant été démontrée. Les bricolages locaux, régionaux, inhomogènes et non systématiques sont toujours en place. Et faute d'une politique audacieuse, on continue à donner dans les petits moyens qui marchent moyennement. En juillet 2012, la ministre de la Santé, Marisol Touraine, annonce que les étudiantes pourront désormais bénéficier d'une contraception d'urgence dans les universités, comme c'est déjà le cas dans les collèges et les lycées et que les pharmaciens pourront plus facilement délivrer la pilule, même sans ordonnance récente. Pas très novateur. De plus peut-on encore ignorer le peu d'effet de ces mesures sur le taux d'IVG ? Et rien n'est proposé pour la contraception préventive : gratuité, extension aux autres méthodes contraceptives (stérilet, implants, patchs, anneaux etc.).

Le plus étrange est que le ministère de la Santé prévoit d'autoriser la stérilisation de toutes les femmes qui le demandent, quel que soit leur âge ! Bien la peine d'être une des femmes les plus brillantes de la République pour refiler aux femmes de notre pays une solution finale. Bien la peine aussi d'avoir récupéré un ministère des Droits de la femme qui n'a sans doute pas été consulté tant il est inaudible sur cette question fondamentalement féministe : quand survient une grossesse non désirée, ce sont les filles qui ont les ennuis. Peut-être ce nouveau ministère est-il trop absorbé dans la chasse aux clients des prostituées. Tâche herculéenne que de vouloir policer le cul ! Mais en même temps, contre-mesure venant cacher le vide. En France, il n'y a encore aucun projet politique national d'envergure pour la contraception et la prévention des IVG. Et alors que l'IVG est gratuite voire encouragée (le forfait IVG vient d'être augmenté de 50 % et l'IVG est maintenant gratuite), la contraception est payante voire vilipendée. Nos gamines n'ont pas fini de souffrir...

12

QUAND LE CRABE S'INSTALLE

On sent tout de suite que la séduction compte beaucoup pour cette belle femme de 40 ans. Sa chevelure blonde aux reflets roux ondule sur ses épaules, sa tenue est raffinée, son maquillage soigné, elle porte de jolis bijoux. Elle n'a pas l'air affairé des mamans car elle n'a pas d'enfant, elle n'en a pas voulu. Elle vient faire une surveillance échographique de son utérus et de ses ovaires car on lui a diagnostiqué et traité un cancer du sein il y a deux ans. Elle est anxieuse. La crainte que la maladie ne se propage ne la quitte jamais. Aussi reste-t-elle muette pendant que je lui explique les images de son examen. L'échographie est normale et c'est le cœur délesté d'un fardeau, qu'elle se confie librement.

C'est une « survivante ». Mais, elle m'avoue que son drame personnel est devenu un problème conjugal. L'annonce de sa maladie l'a complètement dévastée et le traitement l'a mutilée dans ce qu'elle estimait avoir de plus précieux : ses seins. Étant donné la taille de sa tumeur, on a dû procéder à l'ablation du sein droit et faire un curage ganglionnaire. L'intervention s'est bien passée. Elle s'est réveillée dans son lit d'hôpital, atrocement « asymétrique » et malgré l'énorme bandage qui l'empêchait de voir, terriblement « atrophiée ». Cette ancienne reine de beauté, qui dans sa jeunesse a souvent posé en bikini pour des gazettes régionales, n'est plus que l'ombre d'elle-même. Elle, si satisfaite de ses formes et si contente d'avoir perçu la jalousie de son mari chaque fois qu'un homme lui décochait un regard… Voici maintenant que le pouvoir attractif de ce corps est anéanti. Elle me raconte sa crise de larmes quand elle a vu pour la première fois son nouveau reflet dans un miroir, hémi thorax sans relief barré par une large cicatrice de peau bistre et fragile. Elle ne se reconnaît pas. Le sein restant lui fait l'effet d'une « île flottante », d'un mont gélatineux, d'une méduse bizarre échouée dans un paysage dévasté. Son corps d'amazone ne ressemble à rien de connu. Pour un peu, elle se préférerait sans poitrine du tout, plate comme un homme sans mamelons. Son mari a essayé de la consoler, sans succès. Elle est demeurée plusieurs jours cloîtrée dans sa chambre, la poitrine bandée, sanglotant parfois dans son oreiller. Puis elle a fait dévisser le grand miroir de la salle de bains car elle ne veut pas se voir nue. Elle dit qu'elle ne le fera replacer que lorsqu'elle sera « reconstruite ». Le chirurgien a promis. Ce ne sera pas avant deux longues années. Dans l'intervalle, elle portera une prothèse adhésive à l'endroit du sein fantôme. Personne ne pourra deviner. À cette idée fixe, elle se raccroche. Elle compense son humeur dépressive en dormant parfois douze à treize heures d'affilée. Vient le tour de ce poison violent qu'est cette chimiothérapie qui la rend malade et plus confuse encore. Elle perd cheveux et sourcils, peut vérifier tous les jours sa lente dégradation. Ce n'est pas un cancer mais « une lèpre qui ronge », dit-elle. Chaque jour voit disparaître une parcelle de sa féminité. Sa jeunesse de façade se craquelle de toutes parts, la mosaïque du corps se disperse et s'éparpille. On lui a dit que ses cheveux repousseront plus beaux et plus brillants mais c'est avec dégoût qu'elle considère son crâne pelé où quelques îlots de touffes rases résistent. Crâne de déportés galeux, crâne d'impies jetées aux enfers. Elle met une perruque pour sortir ou un turban de diva quand elle reste chez elle. Mais sa tignasse d'artifice reste souvent sur le portant comme un scalp au bout d'une lance. Elle se rend régulièrement aux rendez-vous médicaux et ne met le nez dehors que pour acheter des revues de mode qui la distraient un peu. Les heures s'égrènent péniblement, au fil de l'inconfort, de la maladie et de la haine de soi qui grandit un peu plus tous les jours.

Son mari est d'abord attentionné, présent. Après plusieurs mois, supportant mal l'humeur dépressive de sa femme, il s'éloigne de l'atmosphère douloureuse de sa maison. Il se jette dans le travail, rentre tard, part souvent à l'étranger pour ses contrats. À l'occasion, il lui recommande de faire venir sa mère ou sa sœur. Elle n'a pas la « force de réagir ». Lire et dormir, encore, pour tout oublier. Leur grande maison est devenue un cloître sinistre où la dame de ménage, intimidée par le drame ambiant, ne fait que chuchoter. Maintenant son époux organise ses dîners d'affaires en ville. « Il faut que tu te reposes », lui dit-il. La patiente soupire : « Mon mari s'est progressivement lassé de moi. » Puis, baissant les yeux elle ajoute : « Mais c'est ma faute. » Elle dit qu'elle n'a plus voulu de relation charnelle parce qu'elle a honte de son corps. Elle me raconte alors que sa poitrine a toujours suscité le désir des hommes qu'elle a connus. Grâce à ses seins, elle irradiait de confiance en elle. Maintenant comment faire ? Comment oser présenter ce massacre ?

Et puis, les médicaments qu'elle prend déclenchent d'intenses bouffées de chaleur l'empêchant de trouver le sommeil ainsi qu'une sécheresse vaginale désagréable. « J'ai demandé à mon mari d'attendre durant ces deux années, j'ai pensé que la reconstruction de ma poitrine me redonnerait l'envie des rapports sexuels. » Elle se traite « d'idiote », dit que les hommes ne supportent pas très longtemps une épouse malade, que le désir de sexe est pour eux plus cuisant. Les absences du mari se faisant toujours plus longues, elle a vite compris qu'il avait cherché des consolations avec une autre, « c'est quelque chose qu'une femme devine mais, c'est ma faute, je n'aurais pas dû refuser de coucher avec lui ». Elle attend sa reconstruction avec impatience, essaye de renouer avec son mari si toutefois « l'autre femme n'a pas pris trop de place ». Cependant le chirurgien ne lui a rien caché, les cicatrices qui resteront, l'insensibilité du sein reconstruit, la diminution de la sensualité du toucher, le mamelon remplacé par un rond artistiquement tatoué mais non érectile… « C'est mieux que rien », lui a-t-elle répondu. Elle sait que les choses ne seront plus jamais pareilles qu'avant.

J'ai écouté d'une traite son récit et lui dis qu'une relation différente n'est pas forcément moins intéressante. Les alternatives sont nombreuses pour érotiser le corps… Mais au fond je me rends compte que cette femme blessée a traversé ce champ de mines, sans la prise en charge psychologique ou sexologique qui aurait pu l'aider. Le mari est la victime collatérale de ce naufrage. Si une médecine fulgurante a détruit la tumeur maligne et jugulé ses ramifications secrètes, si une chirurgie de demi-dieu pourra recréer l'illusion d'un sein presque joli, rien ne lui a été proposé pour l'aider à maintenir une estime de soi, une image acceptable ainsi qu'une bonne fonction sexuelle. La patiente, son mari et le couple qu'ils forment ont été cantonnés au secret de leur espace privé, livrés à eux-mêmes…

La douleur

La dame est un peu boulotte et très comme il faut. Le genre de dame à n'utiliser que de l'eau précieuse et du savon de Marseille. En plus de sa gaine de maintien, elle porte un jupon brodé sous une jupe à faux plis. Je le remarque car depuis des années le jupon a presque disparu de l'habillement féminin. Son casque de cheveux blanc lui confère un je-ne-sais-quoi d'aristocratique. Elle vient pour une surveillance échographique car il y a cinq ans, elle a eu un « gros ennui ». Le « gros ennui » ? Un cancer du col de l'utérus qui lui a valu une ablation de l'utérus et des ovaires ainsi qu'une radiothérapie locale (curiethérapie). Le traitement a été long, éprouvant. C'est avec une certaine appréhension qu'elle vient faire cette échographie car elle ne supporte plus que « l'on touche à cet endroit ». Elle dit « cet endroit » comme s'il était maudit, qu'il ne faisait plus partie d'elle.

C'est avec une infinie prudence et de multiples précautions oratoires que je place la sonde vaginale pour faire l'examen. La patiente présente une importante atrophie vaginale ainsi que des rétractions survenues plusieurs mois après la radiothérapie. La privation d'hormones et surtout les rayons ont terriblement aminci la muqueuse vaginale qui saigne dès qu'on la touche. La dame veut ignorer ce problème car pour elle, « cet endroit n'existe plus ». Elle en est fort désolée pour son mari mais « ce n'est plus possible… surtout qu'à mon âge… » et elle pince les lèvres pour me montrer qu'elle n'en dira pas davantage. Son mari comprend car il est « très bien élevé ». Elle soupire : « Pourtant, nous vivions si bien tous les deux… » Mais le cancer s'est invité et les traitements invasifs ont tué le désir charnel. Et puis, elle craint les douleurs du « rapprochement » qui lui rappellent celles des traitements déjà subis. Je crois comprendre à demi-mot que son mari aimerait tout de même bien « faire ce que mari et femme font ». Elle ne peut plus, ne veut plus. « J'ai fait une croix dessus », me dit-elle et reprend : « On ne peut malheureusement rien faire car je n'ai pas le droit de prendre des hormones. » Elle n'en a jamais parlé à son médecin traitant. C'est difficile de dire ce genre de chose à un homme, même s'il est médecin. Que pourrait-il penser ?

Pourtant des traitements simples existent, et pourvu qu'ils soient continus et persévérants, ils permettent la reprise d'une vie sexuelle. Les picotements et brûlures peuvent être atténués en lubrifiant les muqueuses de la vulve et du vagin avec des huiles essentielles naturelles de maïs, d'olive, d'avocat... Alors que je le lui dis comme si nous conversions autour d'une tasse de thé, elle rosit un peu et feint de s'amuser « mais c'est toute une cuisine ! ». La patiente fait alors remarquer que les huiles ne serviront à rien puisque le vagin est devenu trop étroit pour « avoir des relations ». « Avoir des relations » : le terme est délicieusement désuet car de nos jours on dit plutôt « gros câlin » ou « on a des rapports ». Je lui précise qu'il existe des systèmes pour dilater le vagin qui progressivement détendent et agrandissent la cavité vaginale. Ils rendent possible un « rapprochement » non douloureux. « Un godemiché vous voulez dire ? » Elle fait des yeux ronds et son nez se plisse, voilà que la patiente s'effarouche ! « Non pas exactement, la forme est un peu la même mais il s'agit d'un matériel médical. » Elle me répond vivement qu'elle ne se voit pas commander cette sorte de chose à la pharmacie et serait très embarrassée que cela puisse porter à confusion… Mais elle va réfléchir. Je précise qu'il ne faut pas qu'elle se force en quoi que ce soit car on peut très bien faire l'amour de différentes façons. Elle me lance alors un regard en biais qui m'ordonne de me taire. Je viens d'effleurer le gros tabou et, stoppée net par sa prunelle tueuse, je m'en tiens là : la dame n'est pas du genre à jeter sa grande culotte en coton dans les airs. Je lui remets son compte rendu d'échographie et suggère prudemment de ne pas craindre de parler de tout cela à son médecin traitant, même si c'est un homme. Je sais d'avance que par pudeur elle ne le fera pas.

Je la revois deux mois plus tard alors qu'elle accompagne sa belle-fille qui attend son premier enfant. Elle me prend alors en aparté pour me raconter la suite donnée à notre entretien. Elle s'est « débrouillée ». Elle a acheté de l'huile de maïs naturelle et a commencé vaillamment en douce et en douceur, des instillations vaginales à l'aide d'une pipette récupérée sur un vieux flacon de pharmacie (la dame ne jette rien). Elle a pratiqué des injections vaginales avec le contenu huileux de plusieurs pipettes et s'est bien protégée pour ne pas risquer de tacher ses vêtements. Elle est assez contente car au bout de trois semaines, les picotements ont déjà presque disparu ce qui la soulage d'un agacement presque continuel. Même si je ne suis pas certaine que le tripatouillage soit très aseptique, elle a maintenant moins peur de « toucher l'endroit » et se dit même prête à considérer l'achat d'un dilatateur. Son mari est drôlement d'accord... Mais comment raconter tout cela à son médecin traitant ? « Que va-t-il penser de nous ? » « Mais rien du tout ! Vous pouvez lui parler librement, c'est un médecin ! » J'essaye de l'encourager. La dame reste circonspecte. Et c'est un peu gênée qu'elle me demande de téléphoner moi-même au médecin traitant pour aborder « la chose ». J'ai donc appelé le médecin pour expliquer ce qui, sinon, n'aurait jamais osé être dit. La patiente a pu récupérer ses ordonnances au cabinet du médecin avec une prudence furtive digne d'un agent du MI6. Mais les embarras de sa pudeur n'ayant pas disparu pour autant, c'est son mari qui est allé récupérer « la chose médicale » à la pharmacie…

Les cancers gynécologiques sont la première cause des cancers de la femme avec, en tête de liste, le cancer du sein qui occupe le 2e rang de tous les cancers [1]. À titre de comparaison, le cancer du col est 22e de la liste mais l'accès à la gynécologie médicale est parvenu à diviser sa fréquence par quatre. Les efforts considérables pour un dépistage précoce ainsi que les innovations des nouveaux traitements sont parvenus à infléchir leur mortalité. Car même si le cancer du sein est la première cause des décès chez les femmes (près de 12 000 décès par an en 2005), 80 % d'entre elles survivent à dix ans [2]. Avec une maladie devenue chronique et un nombre croissant de survivantes, beaucoup d'entre elles aspirent à reprendre une vie normale. La médecine doit maintenant les y aider en intervenant sur tous les aspects de l'existence.

Le cancer du sein et son traitement passent par une chirurgie qui laisse des séquelles détériorant l'image de la femme quand une mutilation du sein

1. Dominique Hénon, « La santé des femmes en France », *Conseil économique, social et environnemental*, juillet 2010, p. 38.
2. *Idem.*

ne vient pas la démolir. Dès 1990, le chirurgien français Krishna Clough est le premier à s'en soucier en proposant d'associer à la chirurgie du cancer une réparation immédiate du galbe du sein [3]. Son idée est simple : ne pas soigner à n'importe quel coût humain. Ne plus se contenter de guérir mais s'attacher à redonner une image corporelle satisfaisante pour oublier la maladie et jouir d'une existence satisfaisante. Les équipes de Curie [4] et de Créteil [5], pionnières dans cette chirurgie nouvelle, n'ont alors cessé de travailler sur des techniques de reconstitution esthétique et fonctionnelle du sein : la chirurgie onco-plastique est née. Dans la lancée, le premier centre privé français de prise en charge multidisciplinaire est créé par Krishna Clough [6]. L'objectif ? Redonner aux femmes la vie la plus normale possible en organisant une prise en charge globale y compris dans le suivi du cancer. Celle-ci concerne la santé physique, psychique et sexuelle mais aussi une reprise rapide de l'activité professionnelle afin

3. Krishna Bentley Clough : « Plastie mammaire pour le traitement des cancers du sein des quadrants inférieurs », 1988.

4. Hôpital Curie http://www.cancersdusein.curie.fr

5. Hôpital Créteil http://www.innovation-chirurgie plastique.com

6. Institut du sein : http://www.idsein.fr/fr/institut.php

d'éviter toute forme de désinsertion socioprofessionnelle qui viendrait pérenniser la maladie.

Il est révolu le temps où des chirurgiens agacés par les doléances des patientes déclaraient : « On vous a sauvé la vie, vous n'allez pas en PLUS vous plaindre... » Car les cancers gynécologiques attaquent là où cela fait mal : en atteignant les organes sexuels, ils agressent la féminité et mettent en péril l'intimité. Leur impact sur la sexualité est redoutable car beaucoup de femmes renoncent aux rapports charnels par difficultés physiques mais aussi par la honte profonde d'une image qui ne leur correspond plus et ne leur convient pas. La déstabilisation du couple peut se solder par une souffrance psychique, un renoncement à l'activité sexuelle et parfois une séparation ou un divorce. Il n'est donc pas rare que le cancer gynécologique fasse du compagnon une victime collatérale[7].

Celles qui, malgré tout, désirent conserver une vie sexuelle peuvent rencontrer de nombreuses difficultés à le faire car la fonction sexuelle peut être atteinte non seulement par la maladie, les

7. Vanlemmens L., Fournier E., Boinon D., Machavoine J. L., Christophe V., « Quality of life of young women with early breast cancer and their partners : specific needs result in the necessity of development of specific questionnaires for the patient and the partner », *Bull. Cancer*, juin 2012 ; 99(6) : 685-91.

douleurs, l'anxiété, le stress, mais aussi par les médicaments au long cours. Conserver une bonne qualité de vie et une sexualité épanouie dans les suites d'un cancer nécessite une médecine globale. Il s'agit non seulement de prendre en charge l'organe malade, mais aussi la personne dans son entier et au-delà le couple qu'elle forme avec son compagnon. On est bien loin d'une médecine d'organe !

Or les médecins reconnaissent eux-mêmes qu'en dehors des équipes spécialisées, la santé sexuelle après cancer est au mieux, insuffisante ou au pire, négligée. Le risque vital étant écarté, aucun médecin n'ose aborder le « sexe » avec une patiente quand il suffirait simplement d'interroger la « santé sexuelle ». Ceci n'est pourtant pas un luxe et encore moins une luxure. Selon la définition de l'OMS, la santé sexuelle fait partie intégrante de la santé, du bien-être et de la qualité de vie dans leur ensemble de même que les droits sexuels de tous les individus doivent donc être respectés et protégés [8].

Eros et Thanatos, la petite et la grande mort, ne sont pas connus pour faire bon ménage et beaucoup

---

8. http://www.euro.who.int/fr/what-we-do/health-topics/Life-stages/sexual-and-reproductive-health/news/news/2011/06/sexual-health-throughout-life/definition

pensent que la vie érotique laisse obligatoirement le pas au combat contre le cancer. Le sexe est alors perçu comme étant superflu dans ce qui apparaît comme une lutte pour la survie. « Il y a mieux à faire. » Comme si sauvées de la mort, les rescapées devaient s'en contenter et regarder, de loin, les autres vivre pleinement. Un peu à la manière de ces veuves d'autrefois qui s'habillaient de noir pour signifier qu'elles étaient désormais intouchables. Chemin faisant, c'est oublier qu'une vie sexuelle satisfaisante est précisément l'une des armes du combat pour la vie et l'une des motivations de lutte contre la maladie. Les pratiques enthousiastes et la lecture des textes anciens démontrent s'il en est besoin que l'activité sexuelle ne se réduit pas à un frottement sommaire ou un coït de quelques minutes. L'alphabet sexuel permet de jolies phrases, et si possible pas toujours les mêmes. Pourquoi dès lors ne pas dire qu'un organe sexuel atteint par le cancer et ses traitements n'empêche en rien un échange sexuel ? Omerta ? Absence de moyens de prise en charge ? Les deux à la fois sans doute…

Les médicaments au long cours donnés après la phase de traitement actif contre le cancer ont parfois des effets secondaires assez invalidants tels que des bouffées de chaleur, des sécheresses vaginales, une prise de poids. Les premières fatiguent, les secondes rendent la pénétration vaginale douloureuse tandis que la dernière modifie les formes du corps, l'esthétique, l'érotisme. Pourtant les parades existent. Mais celles-ci ne sont que peu ou pas utilisées. Hormis les exercices physiques, la relaxation et les prises en charge psycho-sexologiques, les médicaments sont des armes supplémentaires. Certains antiépileptiques ou certains antidépresseurs, en agissant sur le système nerveux central, ont montré un effet bénéfique sur les bouffées de chaleur générées par les traitements de l'après-cancer[9].

Dans les suites d'un cancer du col, les atrophies vaginales secondaires à une ménopause induite par une radiothérapie, une ablation des ovaires ou encore des médications antihormonales peuvent également recevoir une thérapeutique. Des traitements locaux simples sont à disposition comme, par exemple, enduire régulièrement les parois vaginales d'huiles essentielles d'avocat, de maïs, d'olive. Ces huiles cicatrisent les muqueuses, améliorent leur souplesse et réduisent les inflammations secondaires à la radiothérapie. Elles ont

9. Ratner E.S., Foran K.A., Schwartz P.E., Minkin M.J., « Sexuality and intimacy after gynecological cancer », *Maturitas*, mai 2010 ; 66(1) : 23-6.

aussi le mérite de ne pas irriter les muqueuses vaginales fragilisées ce qui n'est pas forcément le cas des lubrifiants vendus dont les excipients sont parfois agressifs [10]. Mais sont-ils extensivement prescrits ?

Quant aux dilatateurs vaginaux également utilisés après le cancer du col, leur ressemblance avec un *sex-toy* et leur trop grande référence à l'idée de « sexe » ou de pornographie embarrassent les femmes qui préfèrent se priver de leur usage. Mais, qui les informe et les soutient dans cette démarche [11] ?

Le tabou sociétal du cancer, même s'il est moins fort de nos jours, joint à celui du « sexe » font tous deux leur office. Croire qu'avoir un cancer et faire l'amour sont antinomiques revient à évacuer les évocations angoissantes de l'un et troublantes de l'autre. Timide et trouillarde, on regarde ailleurs ou on considère la chose de loin. Car peu de médecins abordent volontairement cette question pourtant essentielle tandis que beaucoup de paticntcs n'oscnt cn parlcr ct sc taiscnt.

---

10. M. Krychman, A. Katz, « Breast cancer and sexuality : multimodal treatment options », *J. Sex. Med.*, 2012 ; 9 : 5-13.

11. K. Cullen, K. Fergus, T. DasGupta, M. Fitch, C. Doyle, L. Adams, « From Sex Toy to intrusive imposition : a qualitative examination of women's experiences with vaginal dilator use following treatment for gynecological cancer », *J. Sex. Med.*, avril 2012 ; 9(4) : 1162-73.

Lors des premiers états généraux du cancer [12], les médecins présents ont été interpellés par de nombreux témoignages de patientes. Libérées du silence entourant le cancer, elles ont pointé du doigt les nombreux problèmes qu'elles rencontrent lors de la maladie et au décours de celle-ci. Ceci a eu pour mérite de renforcer l'évidence d'une prise en charge globale de la maladie. Pour y parvenir, l'ensemble des cancérologues engagés dans ces objectifs nouveaux plaide en faveur d'une « hyperspécialisation » et d'une « multidisciplinarité » des équipes. Mais sans doute manque-t-il encore en France l'appareil de communication et les crédits qui font parfois défaut à l'efficience française…

12. www.ligue-cancer.net

13

LES GYNÉCOS : RETOUR AUX ANNÉES 1950

Chloé est une jeune femme de 33 ans qui vient pour une surveillance échographique de son utérus et de ses ovaires. Voici quelques mois qu'une sale maladie s'est nichée dans son sein droit. Un matin, dans la salle de bains, elle sent une petite boule dans son sein. Elle pense tout de suite à un petit kyste car sa mère vient d'avoir le même problème et elle n'est pas d'un genre inquiet. Par prudence elle essaye de prendre rendez-vous avec son gynécologue. Mais ceci n'est pas possible avant le mois prochain. Un peu ennuyée, elle téléphone à plusieurs autres cabinets de gynécologues, sans succès. Elle finit par consulter un médecin généraliste installé non loin de son quartier d'affaires. Il est le mari de l'amie d'une collègue qui travaille dans sa société. Le médecin a accepté de la voir entre deux patients. Il l'examine et se montre rassurant. C'est probablement un kyste et il prescrit une mammographie à faire « sans urgence ». Voilà la jeune femme tout à fait tranquillisée car le « sans urgence » a résonné positivement dans sa tête. De plus elle se sent en pleine forme et cela tombe bien car son travail est harassant. Brillante avocate, elle vient d'acheter des parts dans un cabinet réputé. Et elle oublie « la petite boule »... Plusieurs semaines se passent dans la fébrilité de dossiers commerciaux compliqués, l'ordonnance du médecin reste dans le tiroir de son bureau. Elle a « complètement minimisé le truc » et de toutes les façons, elle doit revoir enfin sa gynécologue pour le renouvellement de sa pilule. Cette fois elle a pris soin de s'y prendre à l'avance car pas question de devenir enceinte avec son nouveau job.

Le jour dit, la gynéco tout en l'examinant fait une petite moue. Elle palpe, fouille et tapote sa poitrine en fermant les yeux. On dirait un pianiste concentré sur un clavier qui a trop de touches. C'est un peu risible de la voir faire, mais visiblement la « petite boule » ne lui revient pas. « Depuis quand avez-vous cela ? » La jeune femme répond que cela fait plus de trois mois maintenant.

La gynécologue laisse échapper de petits signes de contrariété. Elle s'est rembrunie : « Ce serait bien de faire très rapidement une mammographie et il est prudent d'arrêter de prendre votre pilule... » Tout en parlant elle a saisi son téléphone pour appeler un confrère radiologue et insiste auprès de lui pour que l'examen soit effectué dès le lendemain matin, un samedi. La jeune femme est subitement angoissée. Fichu week-end.

C'est donc un samedi matin qu'elle se retrouve à attendre, le cœur battant, les conclusions du radiologue. Il arrive avec les clichés à la main et une mauvaise nouvelle : « C'est probablement un cancer, il faut contrôler cela par une biopsie. » Le sol vient de se dérober sous ses pieds car elle comprend qu'à 33 ans sa vie est menacée.

Puis c'est l'engrenage. Ablation du sein, curage ganglionnaire et chimiothérapie, chute des cheveux et des sourcils, puis port d'une perruque qui ne trompe personne. Dépression nerveuse car son amoureux s'éloigne : il ne supporte plus sa maladie. Elle est d'autant plus démoralisée qu'elle sait qu'elle aurait pu conserver son sein et pu préserver sa féminité si cette « petite boule », pourtant d'aspect insignifiant, avait été reconnue à temps dans toute sa malignité. Elle devine que son pronostic vital est en jeu. La vie est maintenant rythmée par son cancer. Il mène la danse car il a détruit sa relation amoureuse, sa vie professionnelle et sociale…

Gâchis d'une vie au tapis et mortellement infléchie par l'impossible accès à une consultation de gynécologie.

Le bricolage

La jeune femme âgée de 28 ans vient pour dater sa grossesse avant de pouvoir bénéficier d'une interruption de grossesse. Elle me prévient qu'elle a encore son stérilet. Celui-ci a été posé il y a six mois par un professionnel de santé comme disent les administrateurs. Hélas la contraception n'a pas fonctionné. Elle a demandé une IVG et se serait bien passée de tout cela. La jeune femme a déjà un bébé de 18 mois et ne peut assumer un deuxième enfant. Son mari est au chômage depuis plusieurs mois, il n'arrive pas à retrouver un emploi donc « ce n'est vraiment pas le moment ! ». Malgré tout, la dame garde un bon moral et demeure souriante.

Le centre d'orthogénie lui a demandé de faire une échographie avant sa consultation. L'examen échographique montre en effet une grossesse débutante située dans le fond de l'utérus. Un petit embryon de 4 mm présente déjà une activité cardiaque. Il ne faut pas longtemps pour voir que le stérilet est encore présent dans l'utérus mais qu'il a été inséré dans le col utérin ce qui lui confère une inefficacité certaine. L'absence de douleur ou de saignement fait plutôt penser qu'il y a été malencontreusement placé lors de la pose. J'explique à la patiente que le stérilet sera facile à enlever avec une pincette et que l'interruption de grossesse pourra se faire par médicament en raison du terme précoce de la grossesse. Je lui dis de ne pas traîner pour retourner au centre d'orthogénie. La patiente est un peu soulagée et me dit qu'après son IVG, elle retournera chez la personne qui a posé le stérilet pour s'en faire poser un autre.

Sa confiance n'est pas ébranlée. Pourquoi le serait-elle ? N'a-t-elle pas un professionnel de santé pour s'occuper d'elle ?

Femmes, débrouillez-vous !

Bien qu'elle ait incontestablement amélioré la condition féminine, notre politique d'économie de la santé actuelle s'attache à effacer progressivement du paysage urbain la gynécologie médicale de proximité.

C'est en 1950, sous l'impulsion du professeur Albert Netter, que la gynécologie médicale a fait son apparition dans la vie des femmes. Les recherches de ce pionnier de la gynécologie médicale ont eu une portée considérable. On peut citer les pathologies génitales, les saignements utérins, le cancer du col utérin, les malformations utérines, la mammographie, les traitements hormonaux, la ménopause, le traitement de la stérilité. En outre, dès 1960, il a favorisé l'arrivée de la pilule contraceptive en France. Enfin il s'est intéressé aux problèmes de stérilité et a créé en 1972 la première banque du sperme en France.

Dès 1960, l'extension de la gynécologie médicale et son importante contribution à la santé des femmes ont donc justifié la création d'un diplôme universitaire axé principalement sur la proximité de soins en ville. Les femmes, perturbées par la complexité de leur physiologie, sont généralement attentives à leur état de santé. Elles ont donc un rapport confiant avec une médecine qui les soulage car l'arrivée impromptue de soucis gynécologiques vient compliquer leur vie, déjà harassante.

D'autant que les Françaises travaillent énormément. Elles cumulent soins des enfants, tâches domestiques et travail à l'extérieur. Avec un taux d'emploi de 60 %, elles ne comptent pas pour rien dans la vie économique française [1]. De plus, elles font davantage d'enfants que la moyenne

1. http://www.observatoire-parité.gouv.fr

européenne : le taux de natalité est de 12,8 % en France tandis qu'il n'est que de 10,6 % pour les 27 membres de l'Union européenne[2]. Les contraintes de santé associées aux responsabilités familiales et professionnelles réclament des soins médicaux spécifiques pour venir les aider à tenir bon le cap de leur vie personnelle et familiale. Et, l'amélioration de la santé des femmes a un très large impact : famille et société sont également concernées. Elle contribue aussi, selon Margaret Chan, à rendre « le monde meilleur[3] ». Rien de moins. En acceptant, pendant cinquante ans, de former en nombre suffisant des médecins spécialistes de la femme, la politique de santé du XXe siècle a répondu à cette volonté de progrès. Les luttes permanentes des femmes pour disposer de leur corps ont obtenu le reste non sans difficulté. La régularité du suivi de la contraception, rendu possible par l'accès facile à une consultation de gynécologie médicale, a fait que les femmes n'ont jamais été aussi considérées et soignées qu'au siècle dernier ! XXe siècle, âge d'une médecine complètement dédiée aux femmes ? Âge doré de la

2. INSEE 2011.
3. « Les femmes et la santé, la réalité d'aujourd'hui, le programme de demain », OMS, novembre 2009.

condition féminine ? Les résultats obtenus en santé publique le démontrent.

L'exemple type est celui de la chirurgie la plus pratiquée dans le monde : l'ablation de l'utérus (hystérectomie). Il apparaît que la fréquence de cette intervention est extrêmement variable d'un pays à l'autre. En Australie, 40 % des femmes subissent une ablation de leur utérus, aux USA elles sont 40 %, dans les autres pays européens 20-30 %. Par contre en France, elles ne sont que 6,2 %[4] ! On peut toujours évoquer une différence de nature et de culture entre pays anglo-saxons et latins. Il n'empêche que ce n'est pas seulement un effet de la géographie si l'immense majorité des Françaises conserve son utérus. Ce n'est pas non plus un effet du hasard si on a plus de chance de conserver un utérus dans les pays où il existe un suivi gynécologique spécialisé et accessible.

Car enlever un utérus est loin d'être une intervention anodine. Cet organe est perçu par les femmes comme un organe de féminité et les conséquences physiques, psychiques et sexuelles de son ablation peuvent être très mal supportées. Quel que soit son âge, la femme ressent une perte

4. Assises de défense de la gynécologie médicale, Paris, 28 mars 2010, Hôpital de la Pitié-Sapêtrière.

définitive de son pouvoir reproductif, prend conscience de sa finitude et éprouve une souffrance intime pouvant aller jusqu'au syndrome dépressif. De plus sa vie sexuelle, son accès au plaisir et à l'orgasme peuvent être détériorés par la section de nerfs qui se produit lors de l'ablation de l'utérus. Mais enlever un organe tarit définitivement les dépenses de soins qu'il génère et il faut faire montre d'un grand cynisme pour considérer l'ablation de l'utérus comme une source d'économies futures. Les politiciens et administrateurs de la santé seraient-ils aussi désinvoltes avec leur adénome prostatique ? Le faible taux d'hystérectomie en France vient démontrer la précieuse contribution de la gynécologie médicale au bien-être féminin et la nécessité absolue de conserver cette spécificité. Mais on pourrait aussi bien citer les cancers du col. Avec humour, le professeur Anne Gompel souligne que si la France est le pays européen qui a le plus d'utérus, il est aussi celui où son taux de cancer du col demeure le plus bas. À cet argument, il est de plus en plus souvent répliqué que « n'importe qui peut faire un frottis ». Oui bien sûr, le vétérinaire aussi…

Les femmes ne seraient-elles donc que des utérus sur pattes ? « Mon col utérin va bien, donc je suis en bonne santé » ? Et les femmes de plus de 65 ans qu'on arrête maintenant de dépister, ont-elles pour autant renoncé à la sexualité ? Les virus qui génèrent le cancer vont-ils arrêter d'infecter les plus de 65 ans parce que les administrateurs ont décidé qu'à cet âge-là, on ne fait plus l'amour ? Les mœurs ont heureusement changé et c'est tant mieux pour tous. Mais qui va désormais surveiller cette population de femmes plus âgées, dans sa globalité et dans leurs nouvelles aspirations ? Une mammographie est suffisante pour dépister le cancer du sein ? Sauf que 20 % des cancers ne sont pas vus à la mammographie mais dépistés par les gynécologues et qu'on arrête de faire des mammographies au-delà de 75 ans[5]. Or le cancer aime tout le monde ! Même les femmes de 85 ans hélas… Par ailleurs on sait que le suivi gynécologique régulier assure un meilleur taux de dépistage précoce et de ce fait la France a un taux de survie parmi les meilleurs d'Europe.

Les politiciens peuvent bien raconter ce qu'ils veulent, les chiffres sont plus honnêtes qu'eux. Outre le progrès social, la médecine prolonge la vie et la France détient le record européen de l'espérance de vie (20 000 centenaires en 2010).

5. Assises de défense de la gynécologie médicale, Paris, 28 mars 2010, Hôpital de la Pitié-Salpêtrière.

Au 1er janvier 2011, il y avait 27 890 000 femmes de plus de 15 ans selon les chiffres de l'INSEE. Or une consultation par an n'est pas de trop pour les femmes âgées qui sont de plus en plus nombreuses à recourir à la gynécologie médicale pour leur santé. Mais en raison de la chute des effectifs médicaux, seulement 25 % des femmes peuvent consulter un gynécologue médical. Qui donc va accueillir et soigner les trois quarts restants ? Et avec quelles compétences ?

Voudrait-on réduire l'espérance de vie des Françaises ? Qu'elles fassent des enfants pour la nation, qu'elles les élèvent tout en travaillant pour la nation, et qu'elles ne « meurent ni trop tôt, ni trop tard » selon l'adage de Nietzsche. 85 ans ? C'est trop tard ! Allez vieilles jeunes filles, il vous faut caner plus tôt ! Mais comme on ne peut pas vous le dire comme ça, ni vous pousser la seringue dans vos maisons de retraite, on va vous laisser vous cancériser, vous infecter, vous deshormoner, vous ostéoporoser, vous super-ménopauser. Réduire VOS corps pour réduire NOS dépenses. XXIe siècle ? Siècle d'active misogynie.

Il n'a pas échappé à la directrice de l'OMS que dans de très nombreuses sociétés, ce sont les hommes qui exercent le pouvoir politique, social et économique. Elle remarque aussi que les inégalités dans les rapports de pouvoir se traduisent par un accès inégal aux soins de santé et une maîtrise inégale des ressources sanitaires. On peut aisément apercevoir qu'elle ne parle pas que des pays émergents.

Car voilà une grande idée de bonhommes ! Dès 1987 ils suppriment le diplôme de gynécologie médicale qui formait 130 gynécologues médicaux par an ! Et dans la foulée, ils réforment les études médicales de façon telle que seuls 7 gynécologues médicaux sont formés par année [6]. Sept ! On peut s'étonner de cette volonté de démembrer la gynécologie mais en ciblant leur santé, les décideurs ont-ils voulu reprendre le contrôle des femmes ? Leur prise de pouvoir sur la médecine du corps des femmes ne servirait-elle qu'à mieux les encadrer ?

Dix ans après cette période funeste, sous la pression du Comité de défense de la gynécologie et de 3 millions de femmes mécontentes, un nouveau diplôme de gynécologie médicale est créé en 2003. Mais la liesse est de courte durée car c'est bien au compte-gouttes que l'on forme les gynécologues : 20 par an entre 2003 et 2009, 27 en 2010 puis 24

6. Marie-Annick Rouméas, Claude Groussin, Noëlle Mennecier, Marie Stagliano, Lettre mémorandum, Comité de défense de la gynécologie, février 2012.

en 2011 et 30 en 2012. Pas de quoi repeupler la France avec cette offre garrottée ! Ce faisant, le nombre de gynécologues médicales se tarit progressivement ce qui rend maintenant l'accès rapide à une consultation de gynécologie problématique, voire impossible.

De nos jours, la gynécologie médicale continue d'être noyée dans l'imposante spécialité de gynécologie obstétrique qui comprend la chirurgie gynécologique et l'accouchement. Or la pénibilité du métier d'accoucheur, son risque judiciaire majeur et sa faible rémunération orientent plutôt les médecins de la « gynécologie obstétrique » vers la chirurgie gynécologique. Celle-ci est plus rémunératrice, moins dangereuse en termes d'agressions verbales, physiques et de procédures judiciaires. Dès lors beaucoup abandonnent la pratique des accouchements au profit de la chirurgie.

Pourquoi donc former autant de gynécologues obstétriciens et réduire la gynécologie médicale au petit reste, déjà très insuffisant ? D'autant que les chirurgiens ne se forment pas obligatoirement à la gynécologie médicale. La raison en est simple : opérer est leur passion et leur cœur de métier. Ils s'enthousiasmeront davantage pour l'ablation d'une tumeur de l'ovaire que pour réguler un cycle menstruel ou traiter une ménopause difficile. Il ne s'agit cependant pas d'opposer la médecine gynécologique à la chirurgie car les deux disciplines sont aussi vitales que complémentaires pour les femmes.

Inquiétant signal pour l'avenir que la raréfaction des cabinets de gynécologie faute de relève médicale suffisante... C'est ainsi que dans les salles de congrès médicaux, on ne voit plus que des rangées de têtes à cheveux blancs ou clairsemés : les gynécologues français ont pris de l'âge et presque la totalité d'entre eux ont plus de 45 ans.

Dès lors comment les femmes vont-elles pouvoir conserver une médecine qui leur est spécifiquement dédiée ? Car avec la fin planifiée du « monopole médical », le corps des femmes est un marché où tous les métiers de santé aiguisent leurs couteaux pour s'en approprier une part. Hep ! Je prends l'utérus ! Toi tu gardes le frottis du col ! Qui veut du périnée ? ! On assiste à une distribution de morceaux, jetés en pâture à tous les moins-disants à la seule condition qu'ils coûtent moins cher. Le corps des femmes est morcelé entre divers prestataires et il n'est plus question d'unité dans le suivi des femmes tout au long de leur vie. Si jusqu'à présent une majorité de femmes consultait un gynécologue médical, il est clair que leurs filles et leurs petites-filles devront revoir à la baisse leurs attentes quantitatives et qualitatives. Faute de relève, vers qui se tourner pour des douleurs du bas-ventre ? Une contraception adaptée ? Un problème de stérilité ou d'infertilité ? Un traitement hormonal pour la ménopause ? Une pathologie de l'utérus ou des ovaires ? La liste de ce genre d'interrogations est infinie.

D'ores et déjà, l'accès à un soin gynécologique de proximité est pénible en temps d'attente : le délai moyen pour obtenir un rendez-vous est de 25 à 49 jours et le rythme des consultations est trop soutenu en raison de la charge de travail ! De leur côté, les administrateurs de la santé continuent d'occire la santé des femmes. La vie des meufs ? Ils s'en tapent ! Même si, col blanc et raie sur le côté, ils ne le disent pas tout à fait de cette façon. Alors ils le font dire autrement.

Les gynécologues soutiennent-elles patientes et générations futures en défendant une médecine spécialisée et spécifique ? Revendiquent-elles l'amélioration de la condition féminine ? On les traite de « corporatistes » ! S'inquiètent-elles du garrottage de l'offre ? On leur répond que « la gynécologie médicale a changé de sens... » et que les gynécologues seront désormais des médecins qui interviendront en second recours uniquement en cas de problème complexe. Ceci ne manquera pas de créer retards de diagnostic et cafouillages thérapeutiques. Car maladies gynécologiques et cancers, eux, n'ont hélas pas « changé de sens » : ils continuent d'atteindre les femmes. On peut bien tenter d'administrer la médecine, on n'administrera jamais la mort et la maladie.

Les sages-femmes à la rescousse

Si les compétences des sages-femmes ont été extraordinairement élargies, c'est officiellement pour pallier la pénurie de médecins. Officieusement, il s'agit surtout de s'offrir à bon compte leurs services. Depuis 2002, elles doivent passer le concours de la première année des études de médecine qu'on a voulu organiser comme une parcelle d'enfer sur Terre. La durée totale de leurs études est passée de 3 années en 1980 à 5 années en 2001. Elles font maintenant une première année de médecine, du reste assez mal nommée puisqu'il s'agit surtout de sélectionner les étudiants avec un programme de mathématiques, physique et statistiques. Au final, ceci en fait la formation la plus longue au monde. La profession étant féminisée à 98 %, on ne sera pas étonné qu'aucune rémunération supplémentaire ne leur soit offerte pour l'extension et la difficulté de leurs années d'études.

La loi « Hôpital Patient Santé Territoire » (HPST) du 21 juillet 2009 a étendu les compétences des sages-femmes au suivi gynécologique, à la prescription de contraceptifs et à la prévention des cancers. Celles-ci sont invitées à sortir de leur champ de compétences habituelles (grossesse normale et accouchement normal) à l'aide d'une formation express de gynécologie : 80 heures de cours et 40 heures de stages ! Pour ces nouvelles responsabilités qui ne sont pas minces, on leur fait comprendre que de bien malheureuses circonstances, à forme de crises structurelles et de déficits chroniques, font qu'il est impossible de leur garantir une rémunération conforme. Fort bien, mais imaginerait-on une seule seconde agir de la sorte avec les métiers à majorité masculine tels que les agents de la RATP ou les contrôleurs aériens ? Aucun politicien sensé ne s'y risquerait sous peine de voir les usagers coincés dans des embouteillages monstrueux ou dormant dans les aéroports ! Là encore, la disparité de considération et de traitement fait que, comme toujours, les femmes comptent peu et coûtent peu.

La formation prévue dans les écoles de sages-femmes n'est actuellement pas suffisante pour posséder une expertise en gynécologie mais là encore, à aucun moment on a songé à leur ouvrir la possibilité d'un accès aux quatre années supplémentaires de spécialisation en gynécologie médicale. Celles-ci sont pourtant nécessaires pour avoir une réelle expertise gynécologique. Cela serait facile puisqu'il existe des passerelles universitaires qui permettent d'aller d'une formation d'origine à une autre. Volonté politique de maintenir les femmes sous un plafond de verre pour rogner plus facilement sur le coût des consultations ? Quoi qu'il en soit, avant le 21 juillet 2009, le métier de sage-femme était officiellement considéré comme un métier médical à compétences limitées. Depuis, il semblerait que seule sa rémunération doive le rester.

Est-ce l'intérêt des sages-femmes ? On peut en douter car le contrat est léonin : la liste des « nouvelles » responsabilités s'est allongée en un temps de formation record et sans rétribution adéquate. Est-ce l'intérêt des femmes ? Hormis le coût, on ne peut pas dire qu'il y ait un avantage quelconque à baisser le niveau des prestations dont toutes les femmes ont bénéficié durant plus d'un demi-siècle. Est-ce à dire qu'à l'avenir, les bourgeoises sveltes et minces consulteront les rares gynécologues patentées et que le reste de la population fera ce qu'il pourra ? Et, de la même façon que l'obésité et la « malbouffe » ont une forte prévalence chez les classes défavorisées, à l'avenir conserver son utérus, survivre à un cancer du sein dépisté précocement ou avoir une vie de femme jusqu'à un âge avancé seront sans doute les signes distinctifs de l'appartenance aux classes aisées. Utérus ? *Upper class* !

CONCLUSION

Les femmes se font voler leur médecine et elles ne le savent pas encore. En matière de santé, que va-t-il rester des avancées féminines de ces cinquante dernières années ? Elles sont progressivement dépecées, réinterprétées puis reconstruites sur des exigences qualitatives basses. Pas une année ne s'est écoulée sans que les femmes françaises n'aient été ici ou là délestées de leurs acquis, non pas sociaux, mais simplement humains car en raison même de la complexité de leur physiologie sexuelle et reproductive celles-ci ont des besoins de santé particuliers. Cependant s'il est vrai que les crises économiques les frappent toujours plus durement, d'autres facteurs adverses tels que les crises écologiques, religieuses, spirituelles, sociétales sont à l'œuvre. Elles viennent s'agoniser en nébuleuse menaçante sur nos têtes et celles de nos filles. Le XXe siècle aura-t-il été l'âge d'or de la condition féminine, un âge qui a permis un développement spectaculaire de la médecine du corps des femmes ? Et à l'inverse, ce début de XXIe siècle serait-il son âge de plomb ? La médecine est-elle dépendante de l'histoire du moment ? Et l'atteinte actuellement faite à la santé des femmes ne serait-elle que le symptôme de ce mal ancestral qu'est l'ancestral mépris des femmes ?

Car les déclarations enjôleuses, câlines et mensongères ne comptent pour rien, seule l'observation de la réalité des faits importe.

Symboliquement, peut-être un début de réponse tient-il dans les deux anecdotes qui suivent.

Il existe une vidéo du président égyptien Gamal Abdel Nasser faisant un discours en 1953. Le raïs à la carrure impressionnante se retient de rire mais on sent bien que l'hilarité le gagne ainsi que l'assemblée à qui il s'adresse. La raison ? Le représentant des Frères musulmans lui a demandé d'obliger toutes les Égyptiennes à porter le voile. On entend alors un membre de l'assemblée hurler : « Qu'il le porte lui-même ! » et les rires redoublent. Nasser, tout sourires, continue en développant la réponse qu'il a faite au frère et conclut par un : « Comment voulez-vous que j'oblige 10 millions d'Égyptiennes à le mettre ? » Éclat de rire général. Au siècle dernier, les Égyptiens sont secoués de rire quand le représentant des Frères musulmans parle d'imposer le voile aux femmes.

Plus d'un demi-siècle plus tard, deux silhouettes fantomatiques, l'une longiligne, l'autre plus large, poussent la porte de mon cabinet. Je ne peux voir que deux paires d'yeux soulignés de khôl. Un peu surprise, je les apostrophe en rigolant : « Vous risquez de prendre une amende ! » La plus petite baisse alors le bout de tissu qui cache son visage, une sorte de bavette rectangulaire retenue par un élastique et me répond illico : « Si vous croyez qu'ils n'ont que cela à faire... » Je reconnais la dame. Elle est venue la semaine dernière pour son échographie de grossesse et elle m'amène aujourd'hui une amie, enceinte elle aussi. Ayant dévoilé toutes les deux leur visage, nous bavardons. La plus petite des dames se voile depuis trois ans. Elle se sent protégée. Son amie, elle, se voile depuis une année. Elles font cela très sérieusement car chaquc fois que mon associé passe, elles remontent rapidement leur bavette noire sur leur nez. Je feins de m'étonner : qu'est-ce que cela peut bien leur faire qu'un homme voie leur visage ? Elles me répondent en chœur : « C'est une question de pudeur ! »

Je leur demande de m'expliquer en quoi un visage peut-il être impudique ? Elles éludent la question et me disent : « Nous suivons notre religion... ».

Les progrès développés à partir des années 1950 étaient-ils donc si fragiles ? Et dans ce contexte, la médecine peut-elle continuer à protéger les femmes face aux forces adverses ? Les médecins harcelés et accusés d'être une charge pour le contribuable n'ont plus guère de prise sur leur exercice, car l'administration a pris le pouvoir et distribue ses protocoles et feuilles de route. Pire, si certains d'entre eux y collaborent, d'autres ont renoncé à exercer fièrement leur profession. Selon Jacques Attali, il s'agit de deux batailles perdues : la première est d'avoir échoué à expliquer que la santé est un facteur de croissance attendu que toute dépense est un investissement dans la productivité et l'avenir, la deuxième est de n'avoir pas su revendiquer une responsabilité majeure dans l'augmentation de l'espérance de vie et surtout de l'espérance de vie en bonne santé, qui, spécificité française, augmente plus vite que l'espérance de vie [1]. Les médecins sont donc comme une armée

1. Jacques Attali, intervention au XXXe congrès du Cregg, Club de réflexion des cabinets et groupes d'hépato-gastroentérologie.

de métier en déroute avec comme toujours ses déserteurs et ses traîtres.

Le ministère de la Santé est surtout celui des Économies. Le ministère des Droits de la femme ne dit mot sur le sujet. Le Parlement à tendance masculine, machiste et siffleuse de jupes se fiche pas mal de la santé des femmes. Les femmes ne sont pas beaucoup plus représentées au Sénat, quant au Conseil constitutionnel, c'est un désert féminin. Comment s'étonner qu'en temps de crise économique majeure, tous veuillent réduire la médecine des femmes à son strict minimum et qu'ils ne rencontrent aucune résistance ? Car depuis quand celles qui n'ont pas droit au chapitre, ont-elles le moindre pouvoir sur leur propre destinée ?

D'autant que les institutionnels ont un goût certain pour le bouclage des femmes. À titre d'exemple, le directeur général de la santé, par une lettre du 21 décembre 2012, menace de poursuites pénales (cinq ans d'emprisonnement et 75 000 euros d'amende) tout praticien qui « transmet à ses patientes une information sur les cliniques ou des organismes étrangers dont les pratiques en matière de dons de gamètes ne sont pas conformes à la législation nationale ». Il faut dire que l'offre française de don d'ovocytes est très insuffisante pour couvrir les besoins puisqu'il faut en moyenne 4 années pour en obtenir et encore faut-il être éligible ! C'est donc sans surprise que 1 800 à 3 600 femmes découragées par les lois françaises ont eu recours à un don d'ovocytes à l'étranger en 2009. Arghhh ! Les vilaines délinquantes ! Du coup on intimide le médecin avec des menaces du genre « tu la boucles, sinon gare ! » et on lui fait endosser le rôle de « maton » car moins de procréations assistées c'est moins de remboursement. À cet égard, il est significatif de constater que les médecins ne reçoivent jamais de menace administrative quand ils fournissent des adresses anglaises aux jeunes femmes ayant dépassé le délai légal de l'IVG en France…

Face à ces mesures iniques, certains résistent à leur manière tel Pierre Foldes qui vient de créer le premier institut de santé génésique de la femme. En fédérant médecins, sages-femmes, infirmières et membres d'autres professions, l'existence d'un institut dédié aux femmes vient démontrer que des médecins libéraux motivés et conscients des préjudices qu'elles subissent peuvent venir combler la grande défection de l'État. Si les médecins, qui sont aujourd'hui majoritairement des femmes, ne défendent pas la santé des Françaises, qui va la protéger ? Car si rien n'est fait, un jour l'espérance de vie commencera à régresser. Elle a déjà diminué de deux mois en 2012. Pour la première fois depuis trente ans. Officiellement, à cause de la vague de froid…

Alors ? Mère de l'humanité et pourtant sexe second, voire secondaire ? Il est grand temps de se faire respecter.

TABLE DES MATIÈRES

Collection « Coup de gueule »
dirigée par Jean-Claude Gawsewitch

Composition et mise en pages : FACOMPO, LISIEUX

Imprimé en France. - JOUVE, 1, rue du Docteur Sauvé, 53100 MAYENNE
N° 2061903S. - Dépôt légal : février 2013